In dieser Reihe sind
bisher erschienen:

Richtig Aerobic
Richtig Aikido
Richtig Ausdauertraining
Richtig Badminton
Richtig Basketball
Richtig Bergsteigen
Richtig Body-Styling
Richtig Carven
Richtig Fahrtensegeln
Richtig Fitness-Skating
Richtig Frauenfußball
Richtig Fußball
Richtig Golf
Richtig Golf länger und genauer
Richtig Golf rund ums Grün
Richtig Handball
Richtig Hanteltraining
Richtig Hochtouren
Richtig Inlineskaten
Richtig Judo
Richtig Kanufahren
Richtig Karate
Richtig Laufen
Richtig Marathon
Richtig Mountainbiken
Richtig Muskeltraining
Richtig Nordic Ski
Richtig Paragliding
Richtig Qi Gong
Richtig Reiten
Richtig Rennrad fahren
Richtig Sanftes Krafttraining
Richtig Schwimmen
Richtig Segeln
Richtig Skitouren
Richtig Snowboarden
Richtig Sporternährung
Richtig Sportklettern
Richtig Stretching
Richtig Taekwondo
Richtig Tai-Bo
Richtig Tai Chi
Richtig Tanzen Lateinamerikanische Tänze
Richtig Tanzen Modetänze
Richtig Tanzen Standardtänze
Richtig Tauchen
Richtig Tennis
Richtig Tennistraining
Richtig Tischtennis
Richtig Torwarttraining
Richtig Trainieren im Fitness-Studio
Richtig Trainieren mit der Pulsuhr
Richtig Triathlon
Richtig Volleyball
Richtig Walken
Richtig Yoga

イリス
ドイツ空手

RICHTIG

BLV SPORTPRAXIS TOP

Wolf-Dieter Wichmann

Karate

blv

Bibliographische Information
Der Deutschen Bibliothek

Die Deutsche Bibliothek verzeichnet diese Publikation in der Deutschen Nationalbibliographie; detaillierte bibliographische Daten sind im Internet über http://dnb.ddb.de abrufbar.

Dritte, neu bearbeitete Auflage
(Neuausgabe)

BLV Buchverlag GmbH & Co. KG
80797 München

Lektorat: Maritta Kremmler
Layoutkonzeption: Buch & Konzept,
Annegret Wehland, München
Layout und Satz: agentur walter, Gundelfingen
Herstellung: Rosemarie Schmid

Gedruckt auf chlorfrei gebleichtem Papier

Printed and bound in Germany
ISBN 3-405-16874-0

Wolf-Dieter Wichmann,
7. Dan Shotokan Karate, Begründer der Stilrichtung Shotokan Fudoshin-Ryu, gehört zu den höchst graduierten Karatelehrern in Deutschland. Er war lange Jahre Lehrwart und Bundeskampfrichterreferent des Deutschen Karateverbandes und in seiner aktiven Zeit dreifacher Vize-Weltmeister im freien Kampf.
Als Diplomsportlehrer und Autor von sechs Büchern hat er sowohl die Grundlage als auch das vertiefte Wissen um Karate in Deutschland und Europa verbreitet. Seine Kenntnisse auch in anderen Budosportarten (5. Dan Kendo, 3. Dan Judo, 3. Dan Iaido) erlauben ihm Einsichten in das Wesen des Budo, die weit über das übliche Maß hinausgehen.

Bildnachweis:
Alle Fotos von Ulli Seer, außer:
Gerhard Burock: S. 2
Christian Poets: S. 4
Wolf-Dieter Wichmann: S. 6/7, 119, 124, 134, 142

Grafiken: Jörg Mair

Titelbild: Ulli Seer
Rückseitenbild: Ulli Seer

Umschlaggestaltung:
Joko Sander Werbeagentur, München

Hinweis
Das vorliegende Buch wurde sorgfältig erarbeitet. Dennoch erfolgen alle Angaben ohne Gewähr. Weder Autor noch Verlag können für eventuelle Nachteile oder Schäden, die aus den im Buch vorgestellten Übungen und Informationen resultieren, eine Haftung übernehmen.

Vorwort

Karate-Do, der »Weg der leeren Hand«, findet heutzutage immer mehr Freunde. Noch herrscht vielfach Unkenntnis über die eigentlichen Ziele und Hintergründe dieser asiatischen Kampftechnik, die vor allem durch spektakuläre Actionfilme und Sensationsmeldungen in Verruf geriet. Aber zunehmend erkennen auch Psychologen und Pädagogen an, dass Karate-Do von seinem Wesen her gewaltabbauend und nicht gewaltfördernd ist. Voraussetzung dafür ist ein fundiertes Wissen über das Wesen und die Ziele des Karate. Dies ist ein Anliegen dieses Buches. Dem Leser soll mit kleinen Lernschritten die Grundlage der Karatetechniken (Kihon) vermittelt werden. Anschließend wird das Gelernte über die Partnerübungen (Kumite) vertieft, sodass der Leser ein weitgehendes Verständnis nicht nur der Karatetechniken, sondern auch für die Hintergründe bestimmter Übungen und ihre Ziele bekommt.
Viele Fehler des Partnertrainings beruhen auf einfachen Fehlern in den Grundtechniken. Man sucht sie vergeblich in der Schwierigkeit der Kampfsituation begründet und braucht doch bloß seine Grundtechniken zu verbessern.
In aller Deutlichkeit muss traditionelles Karate und Wettkampf- oder Sportkarate unterschieden werden. Die Erfordernisse des modernen Wettkampfkarate haben mit den Wertvorstellungen und Übungsinhalten des traditionellen Karate nur noch wenig gemein.

Die Ideen und Ziele eines Wettkampf-Karate können vielleicht für zehn Jahre Antrieb für das Lernen sein. Eine tiefere, alle Bereiche des Karate umfassende Durchdringung setzt jedoch erst nach Jahrzehnten intensiver

Praxis und intensiven Studiums der Hintergründe ein. Bereits zu Beginn des Karatelernens an diesem umfassenden Verständnis des gesamten Karate teilnehmen zu können, ist ein großes Anliegen dieses Buches.
Es gibt viele weitere Wege, Wissen im Karate zu erlangen. Andere Autoren, vor allem aber auch Erkenntnisse anderer Budosportarten vertiefen das Verständnis für die Bedeutung und Zusammenhänge innerhalb des Karate.

Ich wünsche allen Lesern viel Spaß bei der Lektüre, Erfolg beim Üben, aber vor allem so viel Verständnis und Motivation, um ein Leben lang Karate zu betreiben.
Ich danke von Herzen den Freunden, Lehrern und Kampfpartnern, mit denen dieses Buch entstanden ist und ohne die ich meinen Weg im Karate-Do nicht hätte gehen können.

Wolf-Dieter Wichmann

Einführung

Karate-Do

Im Zen-Buddhismus werden Übungen, Fertigkeiten, die der Vervollkommnung des Geistes auf dem Wege zur höchsten Erfüllung dienen, »Do« genannt. Es gibt mehr körperliche Übungen, wie Ju-Do und Aiki-Do, oder eher geistige Übungen, wie Ikebana-Do (Blumenstecken), Sumi-e-Do (Tuschmalerei) oder eine der berühmtesten, Cha-Do, die Teezeremonie. Alle haben etwas Wichtiges gemein, das »Do«, wörtlich übersetzt »der Weg«. Mit diesem Begriff soll ausgesagt werden, dass nicht das Erreichen des Endzieles Sinn der Übungen ist, sondern das stete Vorwärtsschreiten auf dem Weg dorthin.

Interessanterweise wird gerade Karate-Do meist ohne den Zusatz »Do« einfach als Karate bezeichnet. Dies beschreibt sehr deutlich den momentanen Zustand der Karateschulung im Westen. Es geht vornehmlich um oberflächliche Ziele wie Selbstverteidigung, körperliche Fitness und Wettkampferfolge. Vergessen scheinen die ursprünglichen Ideale wie ein »erhabener Geist« oder »Demut«. Selbst offensichtlichere Ziele wie höchstmögliche Kontrolle über Geist und Körper tauchen kaum noch in den Unterrichtsanweisungen der Karatelehrer (heutzutage werden sie ja Trainer genannt) auf. Damit soll nicht gesagt sein, dass Unterrichtsziele wie Selbstverteidigung oder Fitness schlechte Ziele wären. Aber Karate-Do umfasst eben viel mehr als nur dies.

Wer diesem Band nur die technischen Anweisungen, um Kampfübungen auszuführen, entnimmt, verzichtet auf Ideen, Anleitungen und Hilfen, tiefer in das Wesen des Karate-Do einzudringen. Er verschenkt vielleicht die Chance, über die kurzfristige Ausübung eines Kampfsportes hinaus, wichtige Ansätze zur Meisterung seines gesamten Lebens zu erfahren. Wichtige Hinweise in der Kampfschulung können ganz allgemein auf das tägliche Leben übertragen werden. Nicht umsonst wird ein fundamentales Werk der Schwertkunst, das Gorin-No-Sho von Miyamoto Musashi (Das Buch der fünf Ringe) heutzutage in Japan zur Manager-Schulung eingesetzt. Genauso sind die Prinzipien des Karatekampfes anwendbar auf die Problembewältigungen des täglichen Lebens. Wenn, ja, wenn es einem gelingt, über die momentane technische Problemlösung einer Kampfsituation hinaus zu denken.

Ein wichtiger Faktor moderner Sportarten ist die Breitenwirkung. Dies ist gut. Möglichst viele Leute sollen Sport machen, viele sich gerade um eine sportliche Erfüllung auch im Karate bemühen. Aber leider wird es dadurch zunehmend schwerer, auch die Ideale des Karate-Do zu vermitteln. Karate-Do ist ein zutiefst ernsthafter Sport!

Das ursprüngliche körperliche Ziel des Karate war, einen Gegner mit einer einzigen Tech-

Karatetechnik mit Kime

nik kampfunfähig zu machen. Das setzt ein ungeheures Maß an technischer Fertigkeit, verbunden mit geistiger Kraft, voraus. Dies nennt man »Kime«. Kime ist der Brennpunkt der geistigen und körperlichen Kräfte. Nur beständiges, intensives Üben und Bemühen um diese Kraft, die körperliche wie die geistige, verbunden mit einem Höchstmaß an Kontrolle, führen zum Erreichen von Kime. Dieses beständige, ernsthafte Bemühen fehlt vielen Breitensportlern. Es geht hier nicht um den Gegensatz von Breiten- und Hochleistungssport. Es geht um den Unterschied zwischen geselligem Üben und dem sehr ernsthaften Versuch, eine an sich tödliche Technik kontrollieren zu lernen. Beides ist möglich! Aber nur wer auch das Zweite versucht, erhält Zugang zum Karate-Do. Zum Karate-Do gehört das selbstkritische »Nie-zufrieden-Sein« mit der eigenen Technik sowie das glückliche Gefühl, körperlich ausgelaugt aus dem Training zu kommen. Und zum Karate-Do gehört Respekt. Respekt vor den Leistungen, den Ideen, der Gesundheit des anderen. Und Respekt vor dem Lehrer, der auf dem Weg des Karate-Do schon weiter fortgeschritten ist.

Kleine Geschichte des Karate

Jenseits aller Mystik kann man über die Herkunft und Geschichte des Karate Folgendes berichten:
Es hat schon immer waffenlose Kampfkünste in allen Teilen der Welt gegeben. Erst die Verbindung mit dem Zen-Buddhismus machte die japanischen Arten der verschiedenen existierenden Kampfkünste so interessant und aufgrund ihrer erreichten Perfektion zum Teil wirksamer als ihre Vorbilder. Ein Beispiel ist das Karate-Do. Seit dem 14. Jahrhundert n. Chr. intensivierte sich der politische und kulturelle Austausch Chinas mit Okinawa, einer südlich von Japan gelegenen Inselgruppe. Verbunden damit wurden auch »geheime« Kampfkunstpraktiken von Mönchen chinesischer Klöster weitergegeben.
Es kam zu drei Zentren der Karateausbildung, die nach den Städten benannte Stile pflegten: Naha-Te, Shuri-Te und Tomari-Te. Aus diesen Schulen entstanden später die modernen Karaterichtungen. Aus dem Shuri-Te entstand das Shotokan-Ryu. »Ryu« heißt so viel wie »Art« oder »Schule«. Ebenso hat sich das Wado-Ryu aus dem Shuri-Tu entwickelt. Aus dem Naha-Te wurde das Goju-Ryu, während das Shito-Ryu die verschiedensten Stile zusammenfasst.
In Deutschland ist das Shotokan-Karate am meisten verbreitet, während es in Japan eher andere Stilrichtungen wie Shito-Ryu und Wado-Ryu sind. Das kommt daher, dass die JKA (Japan Karate Association), die Dachorganisation der Shotokanverbände in Japan, als erste japanische Karateorganisation systematisch gute Lehrer nach Europa schickte. Namen wie Nakayama, Kanazawa, Kase, Enoeda, Shirai und nicht zuletzt der ehemalige Bundestrainer des DKV (Deutscher Karate-Verband), Hideo Ochi, sind untrennbar mit der Karate-Entwicklung in Europa und in Deutschland verbunden.
In Deutschland wurde Karate durch Jürgen Seydel eingeführt, der es in Frankreich kennen gelernt hatte. Mit dem ersten Lehrgang 1958 nahm Karate einen unaufhaltsamen Aufschwung. Mit mehr als 100 000 Mitgliedern gilt der Deutsche Karate-Verband als der zweitstärkste Budo-Fachverband (nach Judo). Als Mitglied im Deutschen Sportbund nimmt er aktiv am modernen Sportgeschehen teil. Nachdem der Kongress des IOC (Internationales Olympisches Komitee) Karate als olympiafähige Sportart anerkannt hat, stehen auch auf dieser Ebene den Sportlern alle Möglichkeiten offen. Und trotzdem sollte man nicht vergessen, dass man als Karateka 40 Jahre nach Einführung in Deutschland eigentlich noch zu den Pionieren in der Sportart Karate gehört.

Vorbereitung

Ausrüstung

Karate wird traditionell in der japanischen Kleidung, einem weißen Baumwollanzug (Gi), ausgeführt. Natürlich ist auch ein Training in europäischer Sportkleidung möglich, jedoch gehört zum äußeren Bild einer vorbildlichen Technik auch der Karateanzug. Außerdem entsteht der Schnapplaut einer gut arretierten Technik nur in den weiten Baumwollanzügen.
Der Anzug soll nicht zu leicht sein, da er sonst in voll geschwitztem Zustand am Körper klebt. Er darf nicht zu schwer sein, da er sonst die Bewegungsfreiheit bei den sehr schnellen Techniken einengt. Daher ist ein Judo-Anzug höchstens für den Anfänger geeignet.
Fortgeschrittene bevorzugen gegenüber den leichteren Anzügen eine etwas stärkere Qualität. Der Gürtel ist ebenso aus Baumwolle und entspricht in seiner Farbe dem Schüler- oder Meistergrad seines Trägers.
Die Jacke des Anzugs reicht über das Gesäß. Die Hose ist etwa knöchellang, kann kürzer sein, sollte jedoch nicht zu lang sein, da man sich sonst leicht in ihr verfängt. Farbige und seidenartige Anzüge sind im Wettkampf verboten. Der Anzug wird so getragen, dass die Hose mit einem Baumwollband festgeknotet wird. Die Jacke fällt darüber, das linke Revers wird auf das rechte geschlagen. Meist haben die Anzüge kleine Bänder, die links innen und rechts außen zusammengebunden werden, um ein Herausrutschen der Jacke aus dem Gürtel zu vermeiden.

Karate-Gi mit Gürtel

Oberste Ziele sind: **Kontrolle** und **Verletzungen durch bessere Technik vermeiden**. Ein Ersatz schlechter Technik durch Schützer ist nicht der richtige Weg.
Brillenträger können im normalen Training ohne Bedenken mit Brille, eventuell befestigt, trainieren.
Im Wettkampf sind Brillen verboten und müssen nötigenfalls durch Kontaktlinsen ersetzt werden.

Hygiene- und Schutzvorschriften

Wie in jeder Sportart sind auch im Karate bestimmte Hygiene- und Schutzvorschriften unerlässlich. Grundsätzlich gilt:
Keinerlei metallene Gegenstände am Körper. Wer einmal die »durchschlagende« Wirkung eines kleinen Ringes bei einem leichten Treffer im Gesicht gesehen hat, achtet peinlichst darauf. Ähnlich gefährlich, jetzt aber für den Träger, sind Kettchen und Ohrringe. Karate ist zu rasant, um mit Leichtsinn betrieben werden zu können. Notfalls muss der Ehering o. Ä. mit Pflaster umwickelt werden. Genauso streng ist darauf zu achten, dass die Finger- und Fußnägel kurz geschnitten sind. Dass ein Training nur mit sauberen Händen und Füßen aufgenommen wird, sollte selbstverständlich sein.
Aber auch der Anzug muss nach jedem Training gelüftet werden, da er sonst riecht oder Stockflecke bekommt. Alle zwei bis drei Wochen, manchmal jede Woche, je nach Trainingshäufigkeit, sollte er darüber hinaus gewaschen werden. Ein Training mit ansteckenden Krankheiten, wie beispielsweise Fußpilz, muss in jedem Fall unterbleiben, um nicht andere Teilnehmer zu infizieren.
Auch für Karate gilt: Es soll **allen** Spaß machen! Gegenseitige Rücksichtnahme nützt allen Karateka.

Gymnastik

Eine wesentliche Säule des Karatetrainings ist die Gymnastik. Egal, ob als »rituelle« Gymnastik, Partnergymnastik oder Spezialgymnastik (wie Kraft- oder Ausdauertraining) durchgeführt, ist sie ein Bestandteil, der nicht aus dem Karatetraining weggedacht werden kann. Sie hat drei wesentliche Funktionen zu erfüllen:

- Einstimmen in das Training
- Dehnen, Lockern und Beweglichmachen
- Vorbereiten auf bestimmte Trainingsziele (Techniken, Kraft, Ausdauer)

Der erste Punkt sollte nicht unterschätzt werden. Die Karateschüler kommen aus vielerlei täglichen Situationen. Beruf, Zuhause, Ärger oder Besorgnis lenken sie vom Training ab. Über die Gymnastik werden sie allmählich und doch zielbewusst auf das Training eingestimmt. Auch psychisch werden sie auf Leistungen vorbereitet, die nichts mit ihrem Alltag zu tun haben. Am Ende der Gymnastik sollten sie bereit und konzentriert darauf sein, Karate zu betreiben.
Punkt zwei ist das häufigste Ziel der Gymnastik. Der vom Herumsitzen oder von übermäßiger Arbeit einseitig beanspruchte Körper wird eingestimmt. Wie ein Motor, der unter langsam steigender Belastung

warmläuft, bringt die Gymnastik den Körper »auf Touren«.
Dabei werden Trainingsziele verfolgt, die den Anfänger staunen lassen: Spagat, Rumpfbeuge bis zum Boden oder Liegestützen auf den Fingerspitzen. Das Geschick des Trainers bestimmt, ob der Anfänger auf diesem Weg bereitwillig mitgeht oder zu früh, weil überfordert, resigniert.
Ziel der rituellen Gymnastik ist vor allem eine Lockerung, die durch das Dehnen der Muskeln erreicht wird. Nur ein »gelockerter« Sportler kann später seine Kraft in Schnelligkeit umsetzen.
Der dritte Punkt bleibt in der Regel gut ausgebildeten Trainern vorbehalten.
Ein gutes, d.h. richtiges Krafttraining setzt voraus, dass man etwas davon versteht. Allzu häufig wird durch falsches Krafttraining mehr verdorben als erreicht.
Die Entwicklung im Sport hat auch vor der Karategymnastik nicht Halt gemacht. Vor allem die Erkenntnisse der Funktionsgymnastik müssen neue Gesichtspunkte auch in die Karategymnastik einfließen lassen. Besonders gefährdete Bereiche wie der Rücken oder die Knie müssen unter dem Gesichtspunkt einer langfristigen Schonung trainiert werden. Die hier gezeigte »Rituelle Gymnastik« muss daher vorsichtig dem Ausbildungsstand des Übenden angepasst werden.
Zum Schluss der allgemeinen Bemerkungen drei Grundsätze, die immer zu beachten sind:

1 Die Gymnastik steht am Anfang der Stunde, um langsam in das Training einzuführen. Also niemals mit zu schweren oder anstrengenden Übungen beginnen!

2 Dehnübungen langsam steigern, den Endpunkt erst bei schwitzendem Körper anstreben!

3 Nicht die Reserven für das gesamte Training bereits in der Gymnastik verbrauchen. Daher Kraft- oder Ausdauertraining an das Ende der Stunde stellen.

1

Warmlaufen in verschiedenen Formen

2

Dehnübungen für die Nackenmuskulatur

3

Armschwingen

4

seitliches Rumpfbeugen

8

seitliches Beinbeugen

9

Absetzen zur Ferse

10

seitlicher Grätschstand

14

vorderer Hürdensitz

15

Oberkörperdrehung nach hinten

16

seitliches Aufstellen des Beines

17

Überkreuzen der Beine

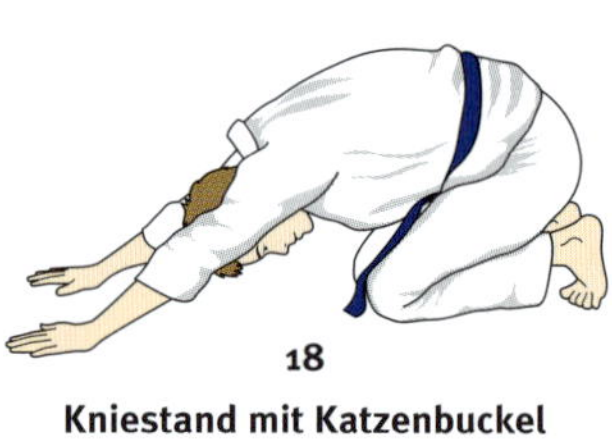

18

Kniestand mit Katzenbuckel

19

Kniestand mit Oberschenkeldehnung

5
Rumpfdrehungen

6
Stellung tiefer Zenkutsu-Dachi

7
mit gehobener Ferse

11
Absetzen zum Grätschsitz

12
Langsitz

13
Anziehen der Beine
zum Hocksitz

20
Beinschwingen nach vorne

21
Beinschwingen zur Seite

22
Beinschwingen nach hinten

Atmung und Kiai

Sowohl im Unterricht als auch in den meisten Lehrbüchern wird der Atmung und dem Kiai zu wenig Beachtung geschenkt. Dabei sind beides wesentliche Voraussetzungen für eine gute Karatetechnik.

Grundsätzlich gilt Folgendes:
Bei **jeder** Karatetechnik wird ausgeatmet! Dabei kann natürlich bei der oft sehr schnellen Folge von Techniken nicht jedes Mal vorher eingeatmet werden. Daher verteilt sich der Atem auf möglichst viele Techniken, um nach besonders starken Techniken erneut Luft zu holen.

Der Atem wird gleichmäßig durch Mund und Nase ausgestoßen. Die Atmung erfolgt vom Zwerchfell und nicht über Brust oder Mund. Nur bei einer Sonderform der Atmung, dem Kiai, wird der Mund geöffnet.

Der Kiai selber soll die stärkste Form des Ausatmens sein. Wie der Name aber schon sagt (Ki-Ai = Geist- und Körperharmonie), ist der Kiai nicht nur das Ausatmen. Man kann ihm vier verschiedene, jede für sich wichtige Bedeutungen zurechnen:

1 **Explosives Ausatmen**
Dadurch erfolgt die gewünschte starke Atemtechnik.

2 **Maximale Spannung der Rumpfmuskulatur**
Dadurch ergeben sich eine besondere Festigkeit im Rumpf und die erforderliche Spannung für starke Techniken.

3 **Völlige Konzentration des Willens des Ausführenden**
Vor allem bei Anfängern spürt man einen deutlichen Unterschied bei Techniken mit oder ohne »bewusstes Wollen«.

4 **Schockierung des Gegners**
Wenn es auch nicht so deutlich wird, so beeinträchtigt ein starker Kiai auch die Widerstandsfähigkeit des Gegners.

Alles in allem kommt dem Kiai eine derart große Bedeutung zu, dass man auf fehlendes Karateverständnis bei denjenigen, die den Kiai vernachlässigen, schließen muss. In Wettkämpfen erfolgt nur in Ausnahmefällen eine Wertung der Technik ohne Kiai.

Karatestellungen

Die Asiaten sprechen immer wieder davon, ihre »Mitte zu wahren«. Sie meinen damit sowohl die körperliche als auch die geistige Mitte, das Gleichgewicht. Wer sich geistig und körperlich im Gleichgewicht befindet, ist stärker, reagiert schneller und besser.
Für das Karate heißt das unter anderem, jede Technik durch einen sicheren Stand zu unterstützen. Der Körperschwerpunkt befindet sich im Unterleib, etwas unter dem Bauchnabel. Je tiefer dieser Schwerpunkt über der Standfläche – gebildet aus den beiden Füßen – ist, desto stabiler ist der Stand. Im Karate muss aber ein Kompromiss eingegangen werden zwischen der Tiefe der Stellung und der Beweglichkeit bzw. Geschwindigkeit im Vor- oder Zurückgehen.
Man muss aber wissen, dass die Karatetechnik umso wirkungsvoller ist, je sicherer der Stand ist. Um das zu verstehen, muss man die Wirkungsweise des Karatestoßes verstehen. Das Prinzip der Karatetechnik basiert darauf, bis zum Auftreffpunkt eine maximale Geschwindigkeit zu erreichen. Im Moment des Auftreffens löst z.B. die Faust eine schockartige Übertragung der Bewegungsenergie aus. Da bei einer guten Technik nur eine kleine Fläche getroffen wird und kein Weiterschieben erfolgt, wird diese Fläche »schockartig aus der Verbindung gelöst«, ähnlich einer einzelnen Büchse, die aus einer Büchsenpyramide herausgeschossen wird.

Natürlich kann die getroffene Körperfläche sich nicht aus ihrer Körperumgebung lösen. Aber der richtig ausgeführte Stoß hat doch die höchstmögliche Wirkung. Vor allem auch dadurch, dass der Rückschock, die Reaktion der Fläche auf das »Nicht-lösen-Können«, durch die nicht zurückweichende Faust abgefangen wird.

Ein Versuch zeigt dies:
Eine Zeitungsdoppelseite wird an zwei Fingern hochgehalten. Ein kräftiger Faustschlag **durch** die Zeitung führt zu einem Ausschwingen. Ein platzierter Karatestoß mit dem Knöchel auf einen Punkt in der Mitte führt zu einem Platzen der Zeitung an dieser Stelle.

Die Erklärung:
Gegen das Bewegen der Zeitung wirkt der Luftwiderstand. Dem relativ langsamen, ungeübten Faustschlag weicht die Zeitung noch aus. Bei dem sehr viel schnelleren Karatestoß aber tut sie das nicht. Deshalb muss an der Stelle des Auftreffens ein Teil der Zeitung nachgeben: Sie zerreißt.
Eine wesentliche Voraussetzung für das oben Beschriebene ist der Stand.

Schrittstellungen

Für das Gehen im Karate benutzen wir hauptsächlich drei Stellungen:

Zenkutsu-Dachi (Vorwärtsstellung)

Der Zenkutsu-Dachi ist für gerade Angriffe oder Abwehrtechniken mit Druck auf den Gegner gedacht. Die direkte Entfernung der Fersen beträgt etwa zwei Schulterbreiten. Das Hauptgewicht ruht auf dem vorderen Bein, das stark gebeugt ist. Der Oberschenkel soll nicht ganz waagrecht sein. Der vordere Fuß steht so, dass die Außenkante gerade nach vorne zeigt (Abb. 1, 2).
Das hintere Bein ist gestreckt. Dadurch wird die Vorwärtsbeschleunigung voll ausgenützt und die feste Verbindung zum Boden, zum Auffangen des Rückschocks, hergestellt. Die Zehen sollen so weit wie möglich nach innen gedreht werden, ohne dass die Ferse sich vom Boden löst. Der Oberkörper ist zurückgebeugt. Die Hüfte ist beim Angriff fast im rechten Winkel zum vorderen Bein. Bei der Verteidigungsstellung (Hanmi) dreht die Hüfte auf 45° ab, ohne dass die Stellung der Beine oder Knie verändert wird.

Kokutsu-Dachi (Rückwärtsstellung)

Der Kokutsu-Dachi dient dazu, mit dem Oberkörper und der Hüfte einem Angriff auszuweichen. Wie eine Sprungfeder fängt dabei das hintere Bein Gewicht und Bewegung auf, um es katapultartig wieder nach vorne zu bringen oder eine Technik mit dem vorderen Bein zu ermöglichen. Auch hier stehen die Fersen etwa zwei Schulterbreiten auseinander (Abb. 3). Der hintere Fuß steht rechtwink-

Abb. 1, 2: Zenkutsu-Dachi
Abb. 3: Kokutsu-Dachi von der Seite
Abb. 4: Kokutsu-Dachi von vorne
Abb. 5, 6: Kiba-Dachi

1

2

3

4

lig mit der Ferse auf einer Verlängerung der Linie an der Innenkante des vorderen Fußes. Das hintere Bein wird so weit gebeugt, dass der Oberschenkel fast waagrecht ist und der Unterschenkel fast senkrecht zum Boden steht. Das vordere Bein ist so gestreckt, dass etwa zwei Drittel des Gewichtes auf dem hinteren Bein ruhen. Es darf aber niemals ganz gestreckt werden. Die Hüfte steht im 45°-Winkel zum vorderen Bein (Abb. 4).

5

6

Kiba-Dachi (Seitwärtsstellung)

Wie der Name verrät, benutzt man den Kiba-Dachi für seitliche Aktionen. Im moderneren Wettkampf kommt er kaum vor. Seine Hauptfunktion liegt im Training der Waden- und Oberschenkelmuskeln und einem sicheren Standgefühl.
Dabei stehen beide Füße parallel, zwei Schulterbreiten auseinander. Die Hüfte ist genau in der Mitte, und die Knie werden weit auseinander gedrückt, bis die Unterschenkel fast senkrecht stehen (Abb. 5, S. 19). Die Hüfte wird so weit vorgeschoben, bis sie in einer Linie mit den Füßen ist. Dabei wird der Oberkörper senkrecht gehalten (Abb. 6, S. 19).

Jiyu-Dachi /Chudan-Kamae (Kampfstellung)

Die Kampfstellung kann hier nur verallgemeinert dargestellt werden. Jeder Kämpfer wird sich mit der Zeit seine spezielle Kampfstellung, die auf seine Taktik und sein technisches Repertoire abgestimmt ist, suchen. Unter Kampfstellung wird hier die Stellung verstanden, die beim Jiyu-Ippon-Kumite oder dem Jiyu-Kumite eingenommen wird. Sie ist eine Mischung aus Zenkutsu-Dachi und Kokutsu-Dachi. Der Kämpfer soll sowohl angreifen als auch verteidigen können. Die Hüfte wird etwas zurückgenommen, das Gewicht zwischen beiden Beinen etwa gleich verteilt. Das vordere Bein sorgt für sicheren Stand, um direkt verteidigen zu können. Das hintere Bein ist leicht gebeugt, um die Hüfte oder den ganzen Körper ansatzlos vorschnellen zu lassen. Der vordere Arm deckt die äußere Körperseite und blockt Angriffe gegen den Kopf, der hintere Arm deckt die Innenseite, vor allem den Bauch. Beide Arme werden so gehalten, dass sie jederzeit auch zu einem Angriff benutzt werden können.
Andere mögliche Karatestellungen werden meist nur in Spezial-Kata verwendet und sollen hier unberücksichtigt bleiben.

Freie Kampfstellung

Gehen

Beim Bewegen von einem Punkt zum anderen bleibt die Hüfte möglichst auf der gleichen Höhe. Der Fuß wird zuerst zum Standbein gezogen, um von da aus, erneut beschleunigt, in die neue Stellung abgesetzt zu werden. Das Vorbeiziehen des Fußes am Standbein erlaubt noch im letzten Moment Veränderungen der ursprünglichen Absicht. Entweder kann man eine andere Stellung einnehmen oder Fußstöße hinzufügen oder auslassen. Immer ist der Karateka gewohnt, aus der Mitte heraus zu arbeiten.

Oben: Vorgehen im Zenkutsu-Dachi **Mitte: Vorgehen im Kokutsu-Dachi** **Unten: Vorgehen im Kiba-Dachi**

Stoß- und Schlagflächen

Man kennt im Karate die unterschiedlichsten Möglichkeiten, seine Hände und Füße zum Angriff oder zur Verteidigung einzusetzen. Hier die wichtigsten Arten.

Faust

Seiken (Fauststoß mit der Vorderseite der Faust)

Bei Seiken wird in der Regel nur mit den Knöcheln des Zeige- und Mittelfingers getroffen.

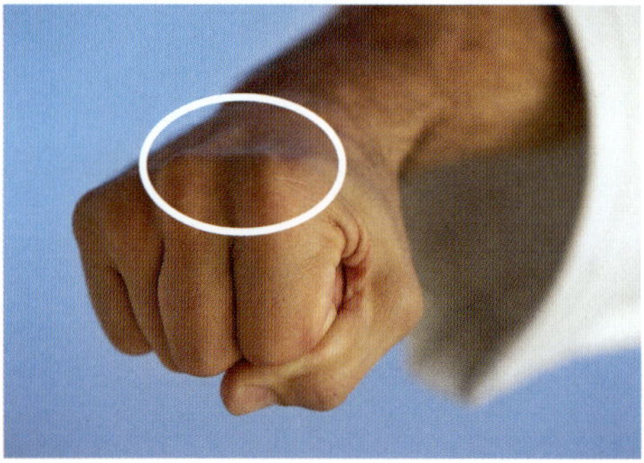

Uraken (Handrückenschlag)

Bei Uraken treffen beide Knöchel am Handrücken auf das Ziel.

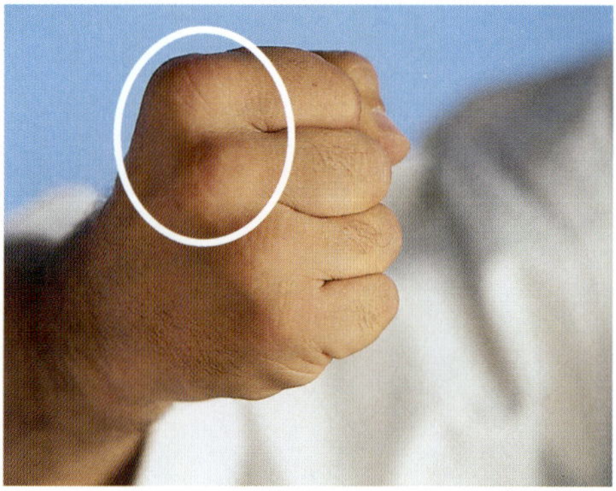

Tettsui (Hammerschlag)

Bei Tettsui trifft der Faustballen. Dazu müssen die Finger besonders fest geschlossen werden, um ein Öffnen und damit Kraftverlust zu vermeiden.

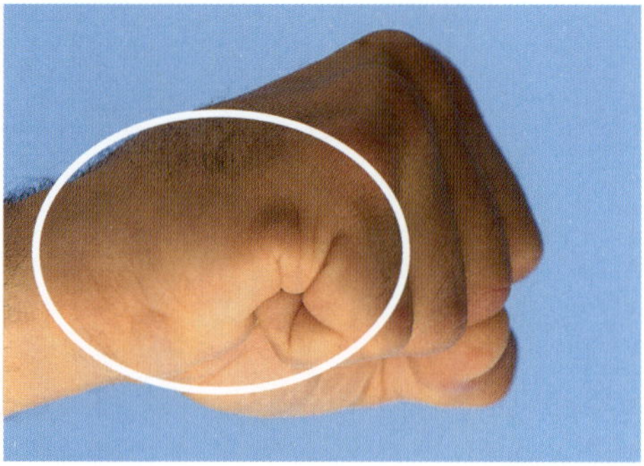

Hand

Shuto (Schwerthand)

Bei Shuto wird die Handballenkante in der Nähe der Handwurzelknochen eingesetzt.

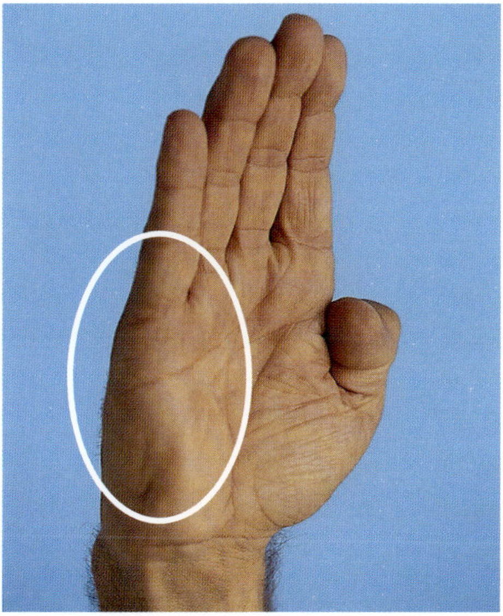

Haishu (Handrücken)

Bei Haishu wird die gesamte, geöffnete Rückseite der Hand als Abwehr- oder Angriffsfläche benutzt.

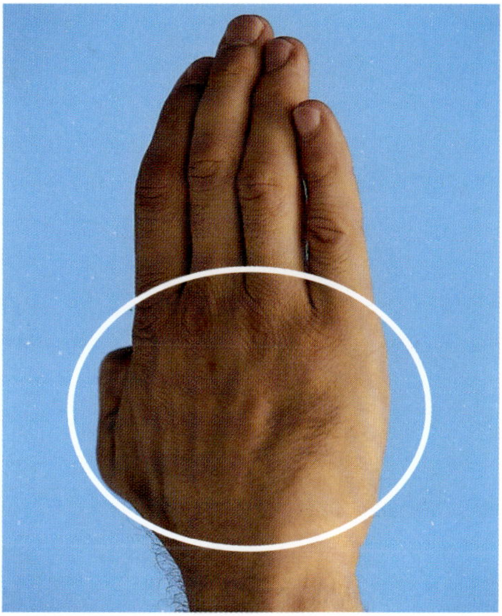

Haito (Innenhandkante)

Haito wird mit der inneren Handkante ausgeführt. Dazu muss der Daumen weit in die Handfläche gebeugt werden. Trefffläche ist etwa der Punkt seitlich der Fingerknöchel.

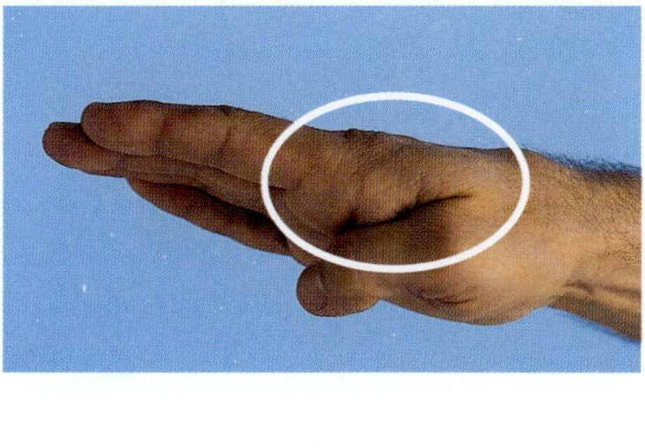

Teisho (Handballen)

Bei Teisho wird sowohl als Abwehr wie auch als Angriff mit dem Handballen, bei größtmöglichem Abwinkeln im Handgelenk, getroffen.

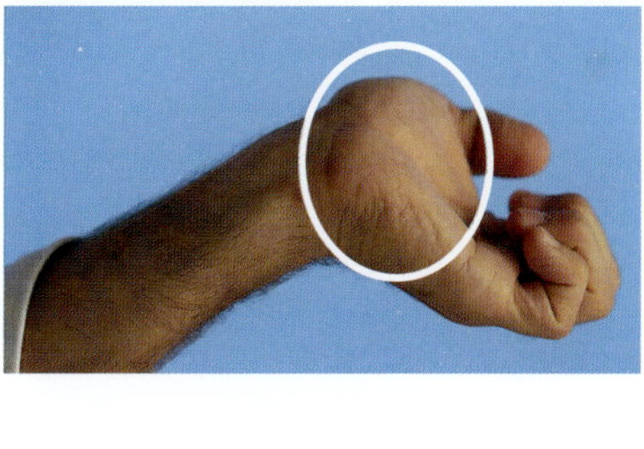

Nukite (Speerhand)

Bei Nukite werden die Fingerspitzen wie ein Speer eingesetzt. Der Mittelfinger wird etwas gebeugt, der Daumen wird seitlich angepresst.

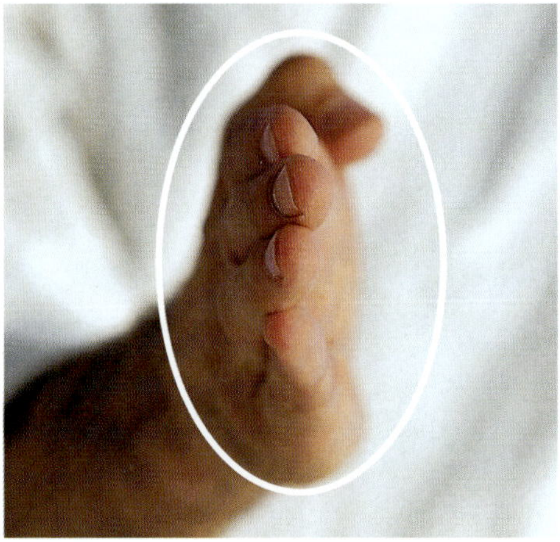

Fuß

Koshi (Fußballen)

Die meisten Fußstöße werden mit dem Fußballen, bei stark gebeugten Zehen, ausgeführt.

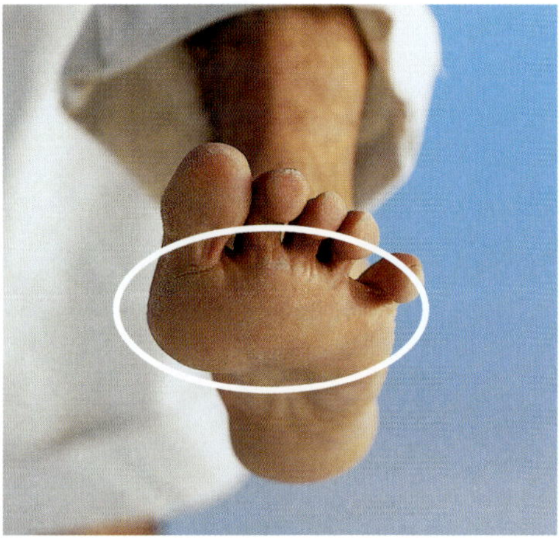

Ellbogen

Empi (Ellbogenstoß)

Bei Empi wird der Ellbogen auf kurze Distanz als Angriffswaffe eingesetzt. Er ist wegen seiner Härte besonders wirkungsvoll.

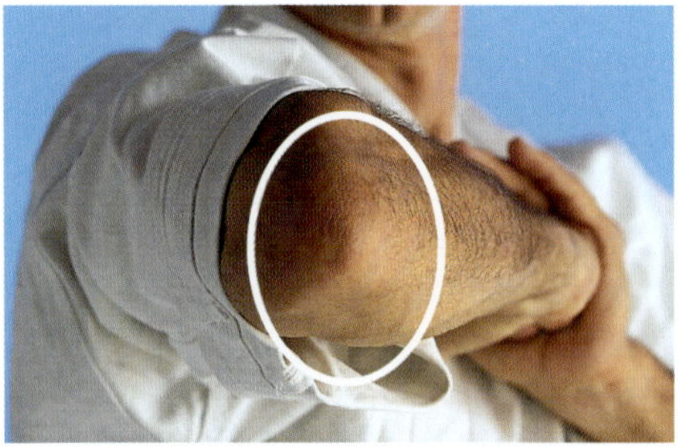

Sokuto (Fußkante)

Bei den seitlichen Fußstößen ist die Fußaußenkante nahe der Ferse die Trefffläche.

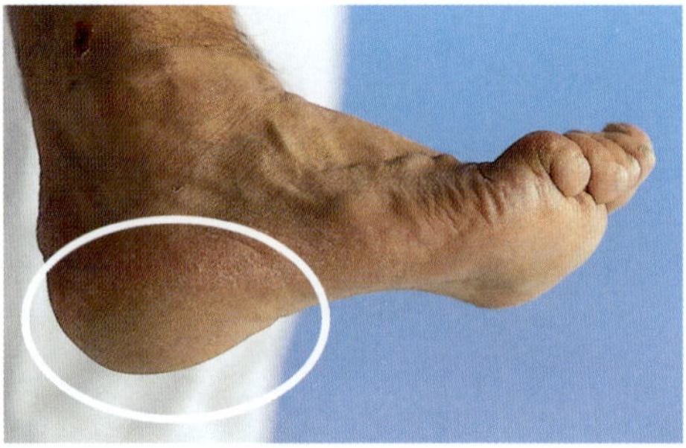

Kakato (Ferse)

Bei einem starken Vorwärtstritt oder beim Rückwärtstritt wird die Ferse als Trefffläche eingesetzt.

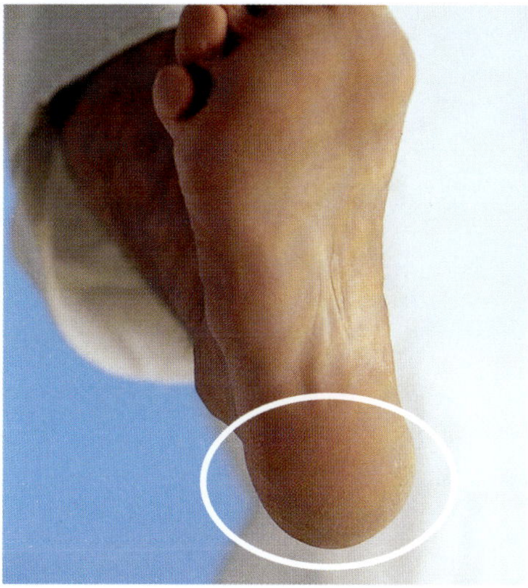

Haisoku (Fußrist)

Haisoku wird beim Tritt zu den Genitalien oder bei Fußstößen zum Kopf benutzt. Bei Letzteren dienen sie als Ersatz für den mit dem Ballen getretenen Fußstoß, der aber im Wettkampf zu gefährlich wäre.

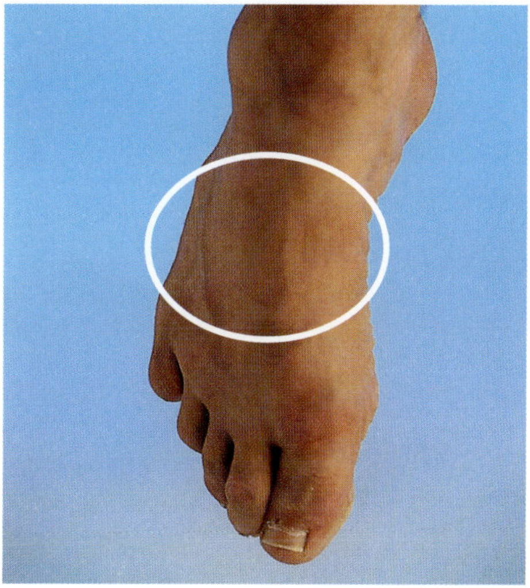

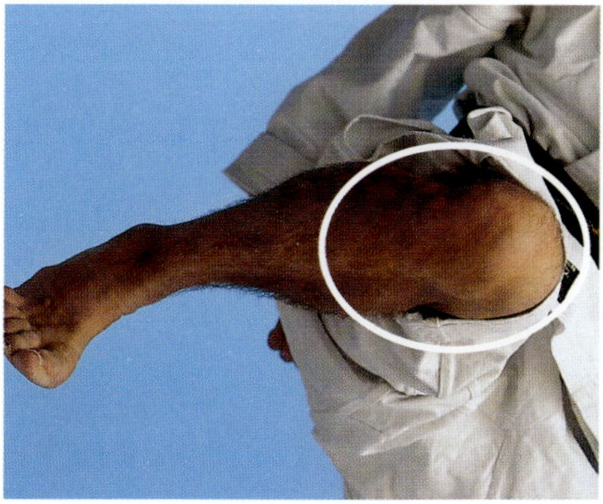

Knie

Hiza (Kniestoß)

Das Knie wird, ähnlich wie bei Empi, nur auf kurze Entfernung, hauptsächlich zum Bauch eingesetzt. Es ist auch als Abwehrblock verwendbar.

Weitere verwendete Körperflächen bleiben hier der Übersichtlichkeit wegen unberücksichtigt.

Abwehrtechniken

Ausgehend von dem Prinzip, dass ein Karateka nicht als Erster angreift, kommen den Abwehrtechniken besondere Bedeutung zu. Grundsätzlich soll eine Abwehr drei Bedingungen erfüllen. Sie soll

1. den Angriffserfolg des Gegners verhindern,
2. den Gegner körperlich und geistig an der Fortsetzung seines Angriffs hindern,
3. die günstigste Voraussetzung für den Gegenangriff schaffen.

Um das erreichen zu können, muss der Verteidiger folgende Punkte beachten:

- Zeitpunkt und Art des Angriffs erkennen
- Die richtige Abwehrtechnik wählen
- Rechtzeitig die Vorbereitung dazu einleiten
- Zum Zeitpunkt der Abwehr sicher stehen und alle Muskeln anspannen
- Nicht über den Angriff hinaus abwehren

All dies kann nur in jahrelangem intensivem Training erreicht werden. Rechnet man viel-

leicht 50 Wiederholungen eines Blocks in einer Stunde, so kommt der Übende auf etwa 5000 Wiederholungen im Jahr. Wenn er nach etwa drei Jahren als Fortgeschrittener gilt, hat er vielleicht 15000-mal diesen Block ausgeführt.
Das ist eines der »Geheimnisse« des Karate. Erst aus dieser sehr hohen Übungszahl ist die traumhafte Sicherheit und hohe Geschwindigkeit der Karatetechniken zu erklären. Normalerweise gibt es für jeden unterschiedlichen Angriff eine beste Abwehr. Welche Abwehr dies ist, hängt von der Art des Angriffs, aber auch von der Situation des Verteidigers beim Angriff ab. In der Grundschule werden die Abwehrtechniken den jeweiligen Angriffsstufen zugeordnet.

Age-Uke (obere Abwehr)

Age-Uke ist die Abwehr des Angriffs zum Kopf (Stufe Jodan, Abb. 1). Von der Hüfte zieht die Faust schräg vor die Brust, so dass sie etwa in Kinnhöhe die Mitte des Körpers erreicht (Abb. 2).
An der Hüfte liegt die Faust mit dem Ballen an. Vom Kinn aus beginnt der Unterarm auszudrehen, zum Ende der Bewegung zeigt die Kleinfingerseite der Faust nach oben. Der Ellbogen ist hoch, der Unterarm zeigt leicht schräg nach vorn oben. Die Faust ist etwa zwei Faustbreiten von der Stirn entfernt. Der Oberarm ist genau nach vorne gerichtet, so dass der Angriffsdruck direkt gegen den Körper wirkt und von diesem abgefangen werden kann (Abb. 3).
Der andere Arm hat sich vor der Abwehr in

1

Ablauf der Abwehr Age-Uke

einer Technik vor dem Körper befunden. Zu Beginn der Abwehr wird er schwungvoll schräg nach oben ausgestreckt, trifft sich im Zurückziehen etwa in Kinnhöhe mit dem abwehrenden Arm und wird energisch zurück an die Hüfte gerissen. Dabei wird die Faust so gedreht, dass sie mit der Innenseite nach oben zeigt und fest mit dem Faustballen in die Taille gepresst wird. Dieses Zurückreißen verleiht dem abwehrenden Arm einen zusätzlichen Vorwärtsimpuls und endet in der Vorspannung zum Gegenangriff.

Fehler

- Ellbogen zu tief.

Folge: seitlich ungedeckt.

- Faust zu nah am Kopf.

Folge: Der Angriff schlägt durch.

2

3

Vorgehen mit Age-Uke

Übungshinweise

➤ Zuerst im Stand in zwei Zeiten üben:
1. Zeit: Vor dem Kinn kreuzen.
2. Zeit: Abwehren.

➤ Im Gehen sofort ganzheitlich in einem Kommando ausführen.

WICHTIG

➤ *Die Faust muss spätestens in Kinnhöhe die Mitte erreicht haben, sonst wehrt man eventuell über dem Angriff ab.*

➤ *Der abwehrende Arm geht außen vor dem zurückziehenden Arm hoch.*

➤ *Schulter und Hüfte werden in die Abwehr hineingedrückt, wodurch die Trefffläche für den Angreifer kleiner und die Stabilität der Abwehr größer wird.*

➤ *Die Faust muss fest geschlossen werden, damit die Muskeln des Unterarms als Polster wirken.*

Soto-Ude-Uke (seitliche Abwehr von außen)

Angriffe gegen die Stufe Chudan (Hals bis Gürtellinie) werden auf dem kürzesten Wege seitlich abgewehrt.
Die Abwehr heißt Soto-Ude-Uke (Abb. 1, S. 31). Um sie grundschulmäßig auszuführen, muss man zuerst ausholen. Man hebt die Faust von der Hüfte bis mindestens in Augenhöhe seitlich vom Kopf. Die Faustinnenseite wird ausgedreht, so dass der Daumen nach vorne zeigt. Der Oberarm steht waagrecht, der Unterarm senkrecht (Abb. 2, S. 31).

Soto-Ude-Uke

Vorgehen mit Soto-Ude-Uke

Von dieser Position aus geht die Faust direkt in die Abwehrposition vor dem Körper, wobei die Kleinfingerseite der Faust, die Körperinnenseite sowie der Ellbogen und die Außenseite des Körpers eine Linie bilden. Man kann in die Innenseite der Faust schauen, und der Ellbogen ist eine Faustbreite von den Rippen entfernt. Unterarm und Oberarm bilden einen Winkel von 90°. Die Faust steht in Schulterhöhe (Abb. 3, S. 31). Man kann die Faust nach vorne halbkreisförmig oder geradlinig führen, je nachdem ob der Angriff mehr vorbeigelenkt oder mehr gebrochen werden soll.
Mit dem Ausholen streckt sich der andere Arm direkt nach vorne, um anschließend gleichzeitig mit der Abwehr zurückgerissen zu werden.

WICHTIG

- *Der Arm ist bei der Abwehr leicht von der Schulter weggeneigt. Abwehrfläche ist der Unterarm am Handgelenk.*
- *Die Bewegung ist unbedingt an der Körpergrenze zu stoppen, da man sonst neue Blößen öffnet oder das Gleichgewicht verliert.*
- *Der Hüfteinsatz ist wesentlich für eine starke Abwehr. Man dreht die Hüfte schnell ein und arretiert stark.*

1

Fehler

- Faust zu eng oder zu weit vom Oberkörper (Abb. 1).

Folge: zu schwache Abwehr.

- Abwehr mit den Muskeln am Ellbogen (Abb. 2).

Folge: leichtes Verfehlen des Angriffs.

Übungshinweise

➤ Zuerst im Stand in zwei Zeiten üben:
1. Zeit: Ausholen.
2. Zeit: Abwehren.

➤ Danach im Gehen in zwei Zeiten üben:

Methode 1:
1. Zeit: Fuß bis zur Mitte, ausholen.
2. Zeit: Fuß vorsetzen, abwehren.

Methode 2:
1. Zeit: ganzer Schritt vor und ausholen.
2. Zeit: im Stand abwehren.

2

Uchi-Ude-Uke
(seitliche Abwehr von innen)

Vorgehen mit Uchi-Ude-Uke

Greift der Gegner Chudan von außen an oder ist ein Ausweichen nach innen notwendig, wehrt man mit Uchi-Ude-Uke ab (Abb. 1, S. 34).
Dabei holt der abwehrende Arm weit unter dem anderen Arm aus, Daumen zum Körper gedreht (Abb. 2, S. 34). Wie ein Peitschenstock schwingt der Oberarm bis an die Körpergrenze und arretiert (Abb. 3, S. 34). Dadurch wird der Unterarm, doppelt beschleunigt, gegen den Angriff geschlagen. Die Endposition ist an der Außenseite des Körpers, im Übrigen wie beim Soto-Ude-Uke. Auch hier achte man vor allem auf die Arretierung im Endpunkt.
Der andere Arm wird wie beim Soto-Ude-Uke direkt aus der gestreckten Position zurückgerissen und verleiht der Hüfte zusätzliche Kraft.

Fehler

- Der Ellbogen holt zu kurz aus und wird nicht arretiert.

Folge: zu schwache Abwehr.

- Die Abwehr wird zu flach (gestreckt).

Folge: Die Abwehr verfehlt den Angriff.

- Die Gegenausholbewegung des anderen Arms ist zu kurz.

Folge: zu schwache Hüfttechnik.

Übungshinweise

➤ Übungsfolgen wie bei Soto-Ude-Uke.
➤ Zusätzlich Übungen mit einer 45°-Ausweichbewegung nach hinten durchführen.

WICHTIG

➤ *Der Peitscheneffekt im Ellbogen ist durch exaktes Arretieren zu erreichen.*
➤ *Je weiter man ausholt, desto kräftiger wird die Abwehr.*

Gedan-Uke
(Gedan-Barai, untere Abwehr)

1

2

3

Vorgehen mit Gedan-Uke

Gedan-Uke richtet sich vor allem gegen Fußangriffe, aber auch gegen tiefe Fauststöße (Abb. 1, S. 36). Der abwehrende Arm holt über der gegenüberliegenden Schulter aus, der Daumen zeigt dabei nach oben (Abb. 2, S. 36). Ähnlich wie beim Uchi-Ude-Uke wird zuerst der Ellbogen beschleunigt. Arretiert er an der Außenseite, folgt der Unterarm in einer peitschenden Bewegung nach. Der Arm wird eine Faustbreite außerhalb der Körpergrenze arretiert, der Faustballen zeigt dabei nach außen und befindet sich zwei Faustbreiten über dem Knie (Abb. 3, S. 36).
Der Körper ist wie bei allen Abwehrformen 45° abgedreht (Hanmi). Der nicht abwehrende Arm befindet sich schräg vor dem Oberkörper und zeigt etwa 45° zu Boden, bevor er kräftig an die Hüfte zurückgerissen wird.

Fehler

- Zu geringes Ausholen.

Folge: Abwehr zu schwach.

- Der Oberkörper fällt vor.

Folge: Abwehr zu schwach.

Übungshinweise

➤ Wie Soto-Ude-Uke üben (Methode 1 und 2).

➤ Fußabwehren nur mit Ausweichen des Körpers üben.

Da Gedan-Uke im Training häufig zu Verletzungen am Schienbein oder Fußknöchel führt, wenn der Verteidiger ohne auszuweichen blockt, empfiehlt sich für die Fußabwehr die nachfolgende Abwehrart. Durch den fehlenden (schmerzhaften) Block wird der Angreifer motiviert, stark anzugreifen.

WICHTIG

➤ *Der abwehrende Arm darf nicht völlig gestreckt werden, um Verletzungen im Ellbogen zu vermeiden.*

➤ *Die Hüfte wird in der Arretierung nach hinten gespannt.*

(Naiwan-)Nagashi-Uke (Fegeabwehr)

Leichter ist diese Form des Nagashi-Uke. Er wird von außen nach innen geführt. Abgewehrt wird in dieser Form mit der Innenseite des Unterarms. Hier fehlt die große Ausholbewegung, wodurch der Hüftarbeit eine wesentliche Bedeutung zukommt. Um hier ein Hochführen des Angriffs zu vermeiden, wird sehr stark abgedreht, und die Schulter des abwehrenden Armes kommt weit mit in die Bewegung hinein.

Fehler

- Beugen im Ellbogen.

Folge: Angriff wird hochgeführt.

- Keine starke Verbindung des Armes mit dem Körper.

Folge: Der Arm allein ist zu schwach, um abzuwehren.

Übungshinweise

➤ Im Stand üben.

➤ Häufig in versetzter Stellung, beide Partner links oder rechts vorne, mit Mae-Geri-Angriff üben.

WICHTIG

➤ *Die Abwehrschulter mit hineindrücken.*

Nagashi-Uke

Shuto-Uke (Schwert-, Handkantenabwehr)

Neben den verschiedenen Arten der Faustabwehr gibt es noch die Handkantenabwehr (Abb. 1). Ihr eigentlicher Sinn besteht zum einen in der Möglichkeit, den angreifenden Arm zu brechen, zum anderen bereitet sie ein Fassen des Armes vor. Eine Faustabwehr (z.B. Soto-Ude-Uke) ist in jedem Fall stärker. Zum Shuto-Uke wird weit hinter dem Kopf, auf der gegenüberliegenden Seite, ausgeholt. Die Handfläche zeigt zum Kopf. Der Ellbogen befindet sich dabei vor dem Kinn

Shuto-Uke

1

2

3

Vorgehen mit Shuto-Uke

(Abb. 2, S. 39). Bei der Abwehr wird wieder der Peitscheneffekt ausgenützt, indem der Ellbogen schnell an die Außenseite geführt wird. Beschleunigt folgt der Unterarm, wobei die Handkante im letzten Moment ausgedreht wird. Dadurch entsteht ein zusätzliches Schockmoment (Abb. 3, S. 39).
Im Augenblick der Arretierung bilden Hand, Ellbogen, Schulter, Hüfte und Fußaußenkante eine senkrechte Ebene. Die zurückgehende Hand wird zuerst ausgestreckt, Handfläche zum Boden, und dann energisch bis zum Solarplexus zurückgeführt. Dort arretiert sie, Innenfläche nach oben.

Fehler

- Handkante zu früh ausgedreht.

Folge: kein Schockeffekt.

- Arm zu flach ausgestreckt.

Folge: keine Abwehrkraft.

- Die hintere Hand wird zu weit zurückgezogen.

Folge: Der Solarplexus ist ungedeckt und der Weg zum Gegenangriff zu weit.

Übungshinweis

➤ Beim Üben im Stand soll die Hüftseite der zurückziehenden Hand zurückgehen. Dadurch wird die Abwehr richtig **vor** dem Körper ausgeführt.

WICHTIG

➤ *Der Ellbogen darf nicht von der senkrechten Körperebene abweichen, sonst wird der Block zu schwach.*

➤ *Weit hinter dem Kopf ausholen.*

Angriffstechniken

Handtechniken: Stoßen

Grundlage der Karatetechniken ist der Fauststoß. Deshalb beginnt ein Karateka in der Regel seine Karateausbildung mit dem Fauststoß und trainiert und verbessert ihn, solange er Karate betreibt. Es ist wohl die am häufigsten geübte Karatetechnik.
Eine für das Karate geeignete Faust wird gebildet, indem man die ausgestreckten Finger (Abb. 1) fest zusammenrollt (Abb. 2), bis kein Zwischenraum mehr vorhanden ist. Unter Umständen muss man die Fähigkeit dazu mit Liegestützen auf den Fingerknöcheln erwerben. Anschließend wird der Daumen unter die zweiten Knöchel gespannt (Abb. 3). Damit ist die Faust geschlossen. Der Faustrücken bildet mit dem Unterarm eine Ebene (Abb. 4). Die Faust wird so weit nach außen gebeugt, dass die Mitte zwischen Zeigefinger- und Mittelfingerknöchel eine Linie mit dem Unterarm bildet (Abb. 5).

Von der flachen Hand zur Karate-Faust

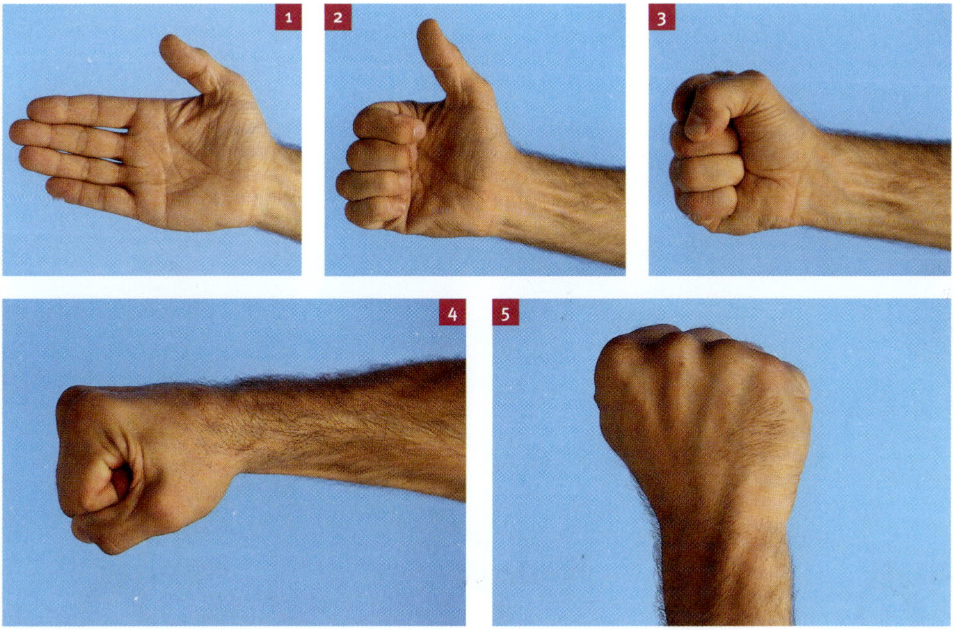

Choku-Zuki (Fauststoß im Stand)

Im Stand nennt man den Fauststoß Choku-Zuki. Der vordere Arm ist vor der Ausführung gestreckt und zeigt auf das Brustbein des (theoretisch gleich großen) Gegners (Abb. 1). Die Innenseite weist zu Boden, die andere Faust ruht an der Hüfte bzw. Taille über dem Gürtel. Von hier aus wird sie gerade auf das Ziel vorgebracht. Um Kraftverluste durch kreisförmiges Stoßen zu vermeiden, muss die Faust von Anfang an sauber innen geführt werden. Wenn die vorgehende Faust die zurückgehende passiert, liegen beide nebeneinander (Abb. 2). Die Ellbogen berühren noch die Rippen, und die Faustdrehung hat noch nicht eingesetzt. Erst nach diesem Punkt (also nach etwa zwei Drittel der Strecke) beginnen beide Fäuste zu drehen (Abb. 3), bis die Innenseite der vorderen Faust zu Boden und die der hinteren nach oben zeigt (Abb. 4, S. 43).
Die besondere Effektivität des Karatestoßes (z.B. im Vergleich zum Boxhieb) hängt wesentlich von der Drehbeschleunigung und Arretierung der Faust am Ende der Streckung ab.
Die Enddrehung der Faust hat das Ziel, den äußerst schnellen Stoß an einem Punkt blitzschnell zu stoppen.
Damit erreicht man einmal, dass der notwendige Bremsweg in eine Drehung am Ort verwandelt wird. Die Faust stoppt an einem vorgewählten Punkt. Zum Zweiten erhält der gedrehte Unterarm in diesem Moment die notwendige Stabilität, die es ihm erlaubt, ohne Verletzungsgefahr diesen Schock auszuhalten. Erst dies ermöglicht die hohe Übungsintensität in den Fauststößen, die sie so überaus schnell und genau machen.
Der Choku-Zuki soll so ausgeführt werden, dass während der Bewegung alle Muskeln, außer den Beschleunigern (Trizeps, Brustmuskel, Deltamuskel), locker sind. Erst im Augenblick der Arretierung spannen **alle** Muskeln schockartig an. Dadurch verbindet sich die Geschwindigkeit der auftreffenden Faust mit dem Gewicht des Körpers und wirkt im Widerstand gegen den Rückschock wie ein Vorschlaghammer.

Choku-Zuki

Die zurückgehende Faust ist gerade beim Fauststoß besonders wichtig. Nach den physikalischen Gesetzen bewirkt der Beginn des Fauststoßes ein Ausweichen des Oberkörpers. Damit würde man Kraft verlieren. Um das auszugleichen, muss man die Gegenfaust genauso kräftig zurückreißen. Die beiden Kräfte gleichen sich aus, die Faust kann optimal beschleunigt werden.

Fehler

- Faust nicht fest geschlossen.

Folge: Die Wirkung verpufft, oder die Hand wird beim Auftreffen verletzt.

- Faust nicht in einer Linie mit dem Unterarm.

Folge: Sie knickt ab, wird wirkungslos oder verletzt sich.

- Der Weg der Faust ist kreisförmig.

Folge: Die Technik ist zu langsam, zu schwach und bleibt leicht an der Deckung hängen.

- Die Schulter wird gehoben oder vorgestreckt.

Folge: Der Weg der Faust wird länger, die Wirkung schwächer. Die Muskeln können nicht mehr optimal angespannt werden. Das Gleichgewicht geht verloren. Der Zielpunkt wird ungenau, eventuell wird der Partner unbeabsichtigt getroffen.

- Die Faust wird zu früh gedreht.

Folge: Die Faust »tanzt« am Ende auf und ab. Der Schock wird langsamer. Die Verletzungsgefahr im Ellbogen steigt. Der Fauststoß ist zu schwach.

- Fehlendes Ausatmen beim Stoß.

Folge: Oberkörperspannung zu gering, daher Fauststoß zu schwach; Pressatmung, dadurch keine Kondition.

4

5

6

Übung zum Choku-Zuki

Übungshinweise

➤ Beide Fäuste ruhen an der Hüfte (Abb. 5). Anschließend werden beide so vorgebracht, dass sie gleichzeitig vorne eindrehen und nebeneinander liegen (Abb. 6). Anschließend zurückziehen.

➤ Eine Hand bleibt vorne, die andere geht einzeln vor und zurück.
➤ Beide Hände bewegen sich **einzeln** (ohne Mitziehen der anderen) **abwechselnd** vor und zurück.
➤ Beide Hände bewegen sich langsam gleichzeitig gegeneinander vor und zurück.

WICHTIG

➤ *Faust ganz fest schließen.*
➤ *Unterarm und Faust in einer Ebene.*
➤ *Beide Arme werden gleichzeitig bewegt.*
➤ *Lockerung während des Stoßes – Anspannung bei der Arretierung.*
➤ *Kräftiges Ausatmen mit dem Stoß.*
➤ *Zielpunkt: gegenüber dem eigenen Brustbein.*

Alle oben aufgeführten Übungen dienen dem ersten Erlernen der Fauststoßbewegung. Sobald der Schüler nach den ersten 10 bis 50 Wiederholungen das Prinzip der Drehung und des Gegeneinanderbewegens begriffen hat, soll die Bewegung nur noch ganzheitlich geübt werden, um eine fehlerhafte Koordination auszuschließen.

Oi-Zuki (gerader Fauststoß)

Der Oi-Zuki ist meist die erste Karatetechnik, die der Anfänger erlernt. So einfach sie erscheint, beinhaltet sie doch alle Prinzipien des Karate, wie geradlinige Bewegungen, sicheren Stand, Explosivität, starke Arretierung und ein Höchstmaß an Kontrolle. Ausgehend davon, dass der Anfänger das Gehen im Zenkutsu-Dachi und den Choku-Zuki gelernt hat, fügen wir beides nun zum Oi-Zuki zusammen. Nach einem kraftvollen Vorwärtsschritt erfolgt unmittelbar vor dem Absetzen der Stoß des Armes auf der Seite des vorgehenden Beines. Dadurch verbinden sich große Masse und kleinere Geschwindigkeit des Körpers sowie kleinere Masse und große Geschwindigkeit des Armes zu einer einzigartigen dynamischen Technik.
Um diesen doppelten Effekt wirklich ausnützen zu können, muss exakt darauf geachtet werden, dass die Schrittbewegung genau im selben Moment wie die Stoßbewegung des Armes endet.
Da der Arm ca. zehnmal schneller ist als der Schritt, darf der Stoß erst im allerletzten Moment des Vorgehens ausgeführt werden.
Wie beim Gyaku-Zuki erhält der Oi-Zuki seine volle Wirkung erst mit der völligen Anspannung des ganzen Körpers im Augenblick des Auftreffens. Je sorgfältiger die Hüfte beim Vorgehen auf gleicher Höhe wie im Stand gehalten wird, desto direkter, schneller und wirkungsvoller wird die Technik. Eine Auf- und Abbewegung der Hüfte führt zu einer Schwächung und zu einem ungenauen Zielen des Stoßes. Beim Vorgehen ergeben sich drei getrennte Beschleunigungsimpulse. Erst wenn diese drei genau koordiniert werden, ist der Erfolg am größten. Es sind dies

- der Impuls des hinteren, startenden Beines,
- der Impuls des vorderen (von der Mitte ab hinteren) Beines, der zur Streckung führt und die Hüftbewegung einschließt,
- der Stoßimpuls des Armes.

Häufig vernachlässigen selbst Fortgeschrittene den zweiten Impuls des zu Beginn vorderen Beines.

Oi-Zuki

WICHTIG

➤ *Nahtloses Ineinanderübergreifen dreier Beschleunigungsimpulse: hinteres Bein, vorderes Bein mit Hüfte und Stoßarm.*

➤ *Niedrighalten der Hüfte bei der Vorwärtsbewegung.*

➤ *Später Stoß erst im Absetzen.*

➤ *Völlige Streckung des hinteren Beines beim Absetzen mit Rückspannung des Oberkörpers, um ein Hineinfallen in die Technik zu vermeiden.*

Fehler

- Vorlehnen des Oberkörpers zu Beginn und Ende der Technik (Abb. links).

Folge: langsamere Bewegung, ungenaues Treffen, Gefährdung des Partners und des Ausführenden (Kopftreffer).

- Zu weites Vorstrecken der Stoßschulter.

Folge: keine Arretierung, Umfallen oder Treffen des Partners, kein exaktes Zielen möglich.

- Ferse des hinteren Beines hebt sich während der Bewegung und beim Abschluss.

Folge: zu viel Vorlage, zu schwache Technik, schwacher Stand, keine schockartige Arretierung möglich.

- Der Blick geht zu Boden.

Folge: Die Technik wird nach unten ausgeführt, der Oberkörper fällt vor.

Übungshinweise

➤ Zuerst getrennt Choku-Zuki und Zenkutsu-Dachi erlernen und üben. Zum Erlernen des Oi-Zuki kann man unter anderem diese zwei verschiedenen Wege auf jeweils zwei Seiten gehen:

Methode 1:

1. Zeit: erster Halbschritt, Füße geschlossen, noch keine Handtechnik.
2. Zeit: zweiter Halbschritt in die neue Stellung **mit** dem Fauststoß.

Methode 2:

1. Zeit: Den ganzen Schritt ausführen, ohne Handtechnik.
2. Zeit: Nur den Fauststoß im Stand ausführen.

Beide Methoden haben etwas für sich. Bei der ersten erlernt man mehr die dynamische und zeitliche Übereinstimmung von Schritt und Stoß. Bei der zweiten kann man sich

besser auf die einzelnen Bewegungen konzentrieren und vermeidet in jedem Fall ein zu frühes Stoßen. Am besten werden beide Formen im Anfängertraining benutzt.
Von der direkten Methode, den Anfänger ohne Aufteilung direkt den ganzen Oi-Zuki ausführen zu lassen, muss man abraten.
Zu viele Fehler schleichen sich ein, die später mühsam, wenn es überhaupt gelingt, wegtrainiert werden müssen.
Beim Oi-Zuki-Jodan ist darauf zu achten, dass nicht höher als die eigene Augenhöhe gestoßen wird und die Hüfte besonders sorgfältig tief gehalten wird.

Trainingshinweise für Fortgeschrittene

➤ Oi-Zuki gegen einen zurückgehenden Partner ohne Abwehr stoßen. Dadurch trainiert man die Genauigkeit des Zielens und Stoßens, erkennt die Wichtigkeit eines schnellen Stoßes und erhält ein Gefühl für die Distanz, über die Oi-Zuki ausgeführt wird, ohne dass die Abwehr die Ausführung beeinträchtigt.
➤ Oi-Zuki im Rückwärtsgehen. Dabei erfährt der Fortgeschrittene die Exaktheit seiner Koordination. Nur wenn der Stoß und das Absetzen des **hinteren** Beines genau übereinstimmen, hat man das gleiche Gefühl wie bei einer »Vorwärts«-Technik.

Gyaku-Zuki (Gegenfauststoß)

Der Name Gyaku-Zuki kommt daher, dass dieser Fauststoß immer mit der Hand, die dem vorderen Bein gegenüberliegt, ausgeführt wird. Der Gyaku-Zuki ist wohl die erfolgreichste und häufigste Kampftechnik im Karate. Sie verbindet drei wichtige Karate-Prinzipien:
– **Erstens** soll der Karateka ein Verteidiger, kein Angreifer sein (Gyaku-Zuki ist normalerweise die Kontertechnik des Verteidigers).
– **Zweitens** wird der Gyaku-Zuki in einer sehr sicheren Stellung ausgeführt.
– **Drittens** kann er trotzdem über eine überraschend lange Distanz angewandt werden.

Der Stoß wird von den Armen genau so ausgeführt wie beim Choku-Zuki. Ein wesentlicher Unterschied ist der Einsatz der Hüfte. Normalerweise ist die Hüfte vor dem Stoß etwa 45° abgedreht (Abb. 1, S. 47). Da sie gegenüber der Faust die größere Masse hat, wird sie zuerst beschleunigt. Erst wenn sie im Winkel von 90° zum Gegner steht, setzt der Fauststoß ein. Die Hüftdrehung endet nur wenige Zentimeter nach der 90°-Stellung, da sonst der sichere Stand verloren geht (Abb. 2, S. 47). Außerdem würde die Vorwärtsbewegung der Hüfte zum Ziel hin in eine Kreisbewegung übergehen.
In der modernen Ausführung des Gyaku-Zuki ist das Hüftgelenk des vorderen Beines der Drehpunkt, um den herum die Hüfte vorstößt. Dabei wird das vordere Knie zusätzlich leicht vorgedrückt, um Tiefe und Festigkeit der Stellung zu erhöhen. Das hintere Bein gibt den entscheidenden Impuls für die gesamte Bewegung. In der idealen Endstellung

Gyaku-Zuki (Gegenfauststoß)

muss dabei (um den Rückschock optimal auffangen zu können) die Ferse des hinteren Beines fest am Boden sein. Im heutigen Wettkampfsport sind aber die Geschwindigkeit des Vorbringens und die Länge der Technik unter Umständen wichtiger (vor allem wenn Gyaku-Zuki als Angriffstechnik ausgeführt wird), so dass ein Heben der Ferse aus diesen Gründen in Kauf genommen wird. Trotzdem sollte man sich immer darum bemühen, dass die Ferse am Boden bleibt. Auch das Vorbringen der Stoßschulter ist ein Kompromiss zwischen Länge der Technik und Festigkeit der Rumpfmuskulatur. Je weiter die Schulter über den 90°-Winkel der Hüfte hinausgestoßen wird, desto weniger stabil wird die Muskelverbindung zum Oberkörper. Ideal ist ein Schulterwinkel von weniger als 45° nach vorne.

Wenn man alle beschriebenen Bewegungen verbindet, erhält man insgesamt eine schraubenartige Bewegung, die über Hüftvorbringen und -senken einen sehr explosiven, aber gefestigten Fauststoß im Stand hervorbringt.

Eine zusätzliche Verlängerung der Reichweite erzielt man durch leichtes Vorsetzen des vorderen Fußes im Moment der Ausführung.

Gyaku-Zuki als Konter in den Angriff

WICHTIG

➤ *Gyaku-Zuki ist eine Tief-Vor-Bewegung. Je weiter der Stoß vorgebracht werden soll, desto tiefer geht man in die Stellung.*

➤ *Zu wenig Drehung ist kraftlos (da ein ausgleichender Schritt fehlt). Zu viel Drehung wird ebenfalls kraftlos, weil die Energie verpufft.*

➤ *Die Hauptenergie wird durch die richtige Hüftbewegung aufgebracht.*

➤ *Beim Partnertraining soll die Faust des Gyaku-Zuki höchstens eine Faustbreit unter der Schulterhöhe des **Ausführenden** arretiert werden, da sonst die Stoßrichtung des Armes und die gewünschte Kraftrichtung (gegen den Gegner) zu verschieden voneinander sind. Die Höhe des Treffens am Partner wird durch die Tiefe der Stellung kontrolliert, nicht durch die Richtung des Armes.*

Fehler

• Der Oberkörper (Wirbelsäule) wird nicht in der Senkrechten gehalten (Abb. 1).
Folge: Das Gleichgewicht ist gestört und eine kräftige Ausführung nicht möglich.

• Die Schulter hebt sich während der Ausführung (Abb. 2).
Folge: Es erfolgt kein direkter Stoß, Energie geht verloren.

• Die Hüfte bleibt beim Stoß an der Stelle oder dreht sogar zurück.
Folge: Die Hauptkraft fehlt, der Gyaku-Zuki wird deshalb kurz und kraftlos.

• Die Ferse wird gehoben.
Folge: Das Auffangen des Rückschocks entfällt, die Technik wird weicher. Es wird nicht verhindert, dass der Körper überdreht und kippt.

• Die zurückgehende Hand wird zu schwach eingesetzt.
Folge: Der Gyaku-Zuki erfolgt nur aus der Armmuskulatur und wird zu schwach.

Zu tief

Richtig

Übungshinweise

➤ Gyaku-Zuki sollte bereits in der zweiten oder dritten Anfängerstunde, wenn das Gehen im Zenkutsu-Dachi und der Choku-Zuki gelernt wurden, geübt werden. Der Gyaku-Zuki erlaubt viel eher als der Oi-Zuki ein dynamisches Vorgehen, ohne dass die Stellung durch den noch unkontrollierten Schwung falsch wird. Dabei soll aber der Stoß gleichzeitig mit dem Absetzen (wie beim Oi-Zuki) erfolgen.

➤ Bereits der Anfänger sollte durch vorsichtige und kontrollierte Partnerübungen das Zielen und das Einschätzen der richtigen Distanz erlernen.

➤ Beim Partnertraining soll die Faust des Gyaku-Zuki höchstens eine Faustbreit unter der Schulterhöhe des Ausführenden arretiert werden. Die gewünschte Kraftrichtung (gegen den Gegner) weicht sonst zu sehr ab. Die Höhe des Auftreffens am Partner wird durch die Stellungshöhe kontrolliert, nicht durch die Richtung des Armes.

Trainingshinweise für Fortgeschrittene

➤ Ein Partner stößt Jodan-Gyaku-Zuki, der andere Chudan-Gyaku-Zuki.

➤ Der Gyaku-Zuki wird aus dem **Vorrutschen** ohne Fußwechsel geübt. Dies ist ein gutes Training für die Reichweite und das tiefe Eintauchen.

➤ Bei Fortgeschrittenen ab Orangegurt ist darauf zu achten, dass neben dem Vorbringen und der Arretierung des Gyaku-Zuki vor allem auch das Zurückreißen in Kamae (Jiyu-Dachi) als aktive Phase geübt wird.

➤ In der Verbindung mit Kizami-Zuki werden der Hüfteinsatz und das Zurückreißen des Gegenarmes besonders gut trainiert.

➤ In der Kombination mit Fußtechniken wird durch Gyaku-Zuki das Niedrighalten der Hüfte in der Gesamtbewegung verbessert (Mae-Geri/Gyaku-Zuki).

Sanbon-Zuki (Dreifach-Fauststoß)

Der Sanbon-Zuki ist eine Kombination von drei Fauststößen. Zuerst führt man einen Oi-Zuki (also einen Fauststoß im Vorgehen) aus. Dieser wird in der Regel zur Jodanstufe gezielt. Der zweite Fauststoß ist ein Chudan-Gyaku-Zuki im Stand und der letzte, ebenfalls im Stand ausgeführt, ein Chudan-Choku-Zuki.

WICHTIG

➤ *Beim ersten Fauststoß (Oi-Zuki) konzentriert man sich ganz auf einen einzelnen Schrittstoß. Wenn man zu sehr an die folgenden Standstöße denkt, wird auch der erste Stoß schwach in seiner Vorwärtsbewegung.*
Durch den besonders intensiven Vorwärtsimpuls beim Oi-Zuki ergibt sich eine etwas längere Pause zur zweiten Technik. Diese Technik (Gyaku-Zuki) soll unter starkem Einsatz der Hüfte erfolgen, aber so kurz arretiert und zurückgezogen werden, dass man die Faust kaum in der gestreckten Phase wahrnimmt. Im Zurückreißen erfolgt dann der dritte Stoß, der Choku-Zuki, der wiederum arretiert stehen bleibt.

➤ *Alle drei Stöße liegen auf einer senkrechten Linie in der Mitte des Körpers.*

➤ *Es ist unbedingt eine Auf- und Abbewegung der Hüfte zu vermeiden.*

Das Herausragende dieser Technik ist die Verbindung der drei wichtigsten Fauststöße. Fehler in einer der Techniken führen unweigerlich zu weiteren Fehlern, so dass nur bei guter und exakter Ausführung aller drei Fauststöße eine gute Kombination gezeigt werden kann. Von der Prüfung zum Orangegurt bis hin zum Schwarzgurt wird diese Technik gezeigt, und man kann hervorragend an ihr ablesen, welche Fortschritte die Technik des Prüflings gemacht hat.
Die Hüftbewegung darf dabei nicht übertrieben werden. Weder im Oi-Zuki noch im Choku-Zuki erfolgt ein Überstrecken der Hüfte. Die Hüfte wird impulsartig mit in die Stoßbewegung eingesetzt, bewegt sich aber, außer im Gyaku-Zuki, im Verhältnis zur Stellung kaum.

Fehler

- Arretierung der ersten Technik zu schwach und zu kurz.

Folge: schwache, verwischende Fauststöße ohne Spannung, Pendeln der Arme.

- Kein Hüftschub beim Gyaku-Zuki (weil die Technik eventuell zu schnell ausgeführt wird).

Folge: kraftloses Pendeln der Arme ohne »Kime«.

- Heben der Schulter beim Stoßen.

Folge: schwache, ungenau gezielte Fauststöße mit Kraftverlust.

Übungshinweise

➤ Zuerst auf zwei Zeiten üben:
1. Zeit: nur Oi-Zuki.
2. Zeit: Gyaku-Zuki/Choku-Zuki.
Dabei vor allem auf einen starken Oi-Zuki und eine ruhige Hüftbewegung achten.

➤ Der Partner markiert mit einer Hand o.Ä. die beiden Zielpunkte Jodan und Chu-dan, so dass die Technik genau zur Mitte und zur richtigen Höhe geführt wird.

Trainingshinweis für Fortgeschrittene

➤ Sanbon-Zuki gegen einen zurückgehenden Partner durchführen. Dabei wird Jodan-

Kizami-Zuki

Oi-Zuki zur Kinnpartie gezielt und hat etwa 10 Zentimeter Abstand, während beide Chudan-Techniken etwa zum Solarplexus mit leichtem Kontakt geführt werden.

Kizami-Zuki (Prellstoß)

Der Kizami-Zuki ist die kürzeste Fausttechnik. Um sie gut ausführen zu können, bedarf es bereits längerer Karate-Praxis. Sie soll wie ein »Blitz aus heiterem Himmel« ohne Ausholen erfolgen. Dabei stößt der vordere Arm aus einem intensiven Hüftimpuls heraus. Ob der Fuß mitbewegt wird, hängt von der Länge der Bewegung ab. Ein extremes Vorschieben der Schulter, wie früher gelehrt, ist heute nicht mehr üblich, da die Kontrolle über die Technik dadurch abnimmt. Kizami-Zuki wird vor allem bei sehr kurzem Abstand zum Gegner angewandt oder bei Techniken, die in die Angriffsbewegung des anderen hineingehen.

WICHTIG

➤ *Die Faust muss auf direktem Weg vom Schwerezentrum zum Ziel gebracht werden.*
➤ *Schulter und Hüfte werden nur so weit eingesetzt (vorgeschoben), wie es für einen kräftigen Impuls notwendig ist. Eine übermäßige Vordrehung ist zu vermeiden.*
➤ *Da die Technik ohne Ausholen ausgeführt werden soll, kommt der zurückziehenden Hand als zusätzlichem Beschleuniger große Bedeutung zu. Sie ist besonders intensiv zurückzureißen.*

Fehler

- Die Faust wird nicht auf einer Geraden vorgebracht.

Folge: geschwungene, schwache, ungezielte Technik.

- Der Oberkörper fällt vor.

Folge: kein exakter Arretierungspunkt, evtl. Treffen des Gegners.

- Die Hüfte hebt sich, der Ausführende kommt hoch.

Folge: Die Technik verliert an Kraft und Genauigkeit.

Übungshinweis

➤ Aus Chudan-Kamae (Jiyu-Dachi) auf ein bewegtes Ziel eines Partners (Hand, Bleistift o. Ä.) schnell Kizami-Zuki ausführen.

Trainingshinweise für Fortgeschrittene

➤ Zwei Partner stehen ca. 4 Meter auseinander. Auf drei Kommandos gleichzeitig zusammenrutschen. Beim dritten Kommando führen beide Jodan-Kizami-Zuki aus.
➤ Später die gleiche Übung ohne Kommando.

Handtechniken: Schlagen

Im Unterschied zum Stoßen (Zuki) wird beim Schlagen die Technik nicht auf einer geraden Linie vom Körper zum Ziel gebracht, sondern kreisförmig um ein Gelenk herum. Es gibt eine Vielzahl ausgeklügelter Techniken. Hier sollen nur die drei gebräuchlichsten erwähnt werden:

Uraken, Uraken-Uchi (Faustrückenschlag)

Dem Uraken kommt als einziger Schlagtechnik eine größere Bedeutung im Wettkampf-Karate zu. Weit ausgeholt und extrem beschleunigt wird sie meist an die Schläfe des Gegners gebracht.
Der Peitscheneffekt des Unterarms ist dabei das wesentliche Element dieser Technik.
Er entsteht durch ein Ausholen des ganzen Armes (Abb. 1, S. 55). Bei der Ausführung wird dann der Oberarm schwungvoll vorgerissen, bis der Ellbogen etwa zum Gegner zeigt. In dem Moment wird der Ellbogen arretiert, und der Unterarm beschleunigt (durch die Radiusverkürzung) wie ein Peitschenhieb zum Ziel (Abb. 2, S. 55).
Voraussetzungen sind jedoch: weites Ausholen des ganzen Armes und starke Arretierung des Ellbogens an der Körpergrenze. Der Uraken kann sowohl seitlich (Yoko-Uraken, wie meist im Wettkampf) als auch von oben (Tate-Uraken, wie manchmal in der Kata) ausgeführt werden.

Fehler

- Zu geringes Ausholen.

Folge: Der Uraken wird zu kurz und schwach.

- Arretierung außerhalb der Körpergrenze.

Folge: kein im Wettkampf verwendbarer Treffpunkt, somit nutzloses Üben. Die

Rumpfmuskulatur wird zu wenig in die Arretierung und das Zurückschnappen mit einbezogen; der Uraken verwischt.

WICHTIG

➤ *Weites Ausholen, starke Arretierung des Ellbogens.*

➤ *Keine völlige Streckung des Ellbogens, da sonst die Gefahr des Überschnappens und somit Verletzungsgefahr gegeben ist.*

➤ *Als Gegengewicht zur Beschleunigung des Schlagarms wird die Gegenschulter zurückgerissen. Dadurch kommt die Schlagschulter weiter vor.*

Übungshinweise

➤ Zuerst die ganze Bewegung langsam ausführen.

➤ Dann die Streckbewegung langsam bis zur Arretierung und die Rückschnappbewegung schnell durchführen.

Erst wenn die Rückschnappbewegung schnell und schmerzfrei im Ellbogen beherrscht wird, kann die Schlagbewegung beschleunigt werden.

1

2

Trainingshinweise für Fortgeschrittene

➤ Uraken aus der Abwehr Soto-Ude-Uke oder Nagashi-Uke direkt ohne Arretierung der Abwehr üben. Die Abwehr ist dann kein Block, sondern mehr ein Vorbeileiten als Vorbereitung für den Uraken.

➤ Kombination: aus dem Vorgleiten Uraken/Gyaku-Zuki (Abb. 1, 2).

Die Kombination hat den Vorteil, dass der Gegner beim Uraken die Chudan-Deckung öffnet und so der Gyaku-Zuki gut eintauchen kann. Außerdem ist die Abdrehbewegung der Hüfte beim Uraken die Vorspannung zum Hüfteinsatz des Gyaki-Zuki, der dadurch besonders schnell und kraftvoll wird.

Abb. 1, 2:
Kombination Uraken/Gyaku-Zuki

Abb. 3: Tate-Tettsui-Uchi

Tettsui-Uchi (Hammerschlag)

Der Tettsui-Uchi (Abb. 3) ist vor allem aus den verschiedenen Kata bekannt.
In manchen Karate-Stilen wird er aber auch als Wettkampftechnik benutzt. Obwohl er eigentlich nicht schwach ist, gelingt es den wenigsten, ihn kraftvoll auszuführen, weil er nur verhältnismäßig selten trainiert wird. Er ist meist eine Verlegenheitslösung.
Auch hier gilt: Je größer die Ausholbewe-

gung, desto größer sind Kraft und Geschwindigkeit im Auftreffpunkt. Dabei ist es gleichgültig, ob der Tettsui-Uchi kreisförmig ausgeholt wird (wie bei der Kata Heian-Shodan) oder in einer Hoch-Tief-Bewegung (wie in der Kata Jion).
Es muss mit dem Handballen der geschlossenen Faust getroffen werden. Dabei soll im Moment des Auftreffens der Ellbogen möglichst in der gleichen Höhe wie die Faust sein, um die Kraftübertragung des Rumpfmuskels und des Körpergewichts zu gewährleisten.

WICHTIG

➤ *Weit ausholen, die Faust fest spannen, Ellbogen beim Auftreffen in Höhe der Faust.*

Yoko-Tettsui-Uchi

Empi, Empi-Uchi (Ellbogenschlag oder -stoß)

Beim Empi-Uchi wird nicht ganz klar, ob er zu den Schlag- oder Stoßtechniken zu zählen ist. Von der Kreisbewegung her ist er ein Schlag. Seine Hauptwirkung kommt jedoch aus einer starken, gleichzeitigen Hüftbewegung, die zu einer stoßartigen Wirkung führt. Egal, wie man es sieht, der Empi-Uchi bleibt eine der härtesten Armtechniken.
Man unterscheidet je nach der Stoßrichtung:

Mae-Empi (gerader Ellbogenstoß)

Yoko-Empi (seitlicher Ellbogenstoß)

Tate-Empi
(aufwärtiger Ellbogenstoß)

Otoshi-Empi
(senkrechter Ellbogenstoß)

Ushiro-Empi
(rückwärtiger Ellbogenstoß)

Mawashi-Empi
(kreisförmiger Ellbogenstoß)

Yoko-Empi (seitlicher Ellbogenstoß)

Hier soll nur der Yoko-Empi, der am häufigsten benutzt wird, beschrieben werden.
Der Arm holt völlig gestreckt direkt vor dem Oberkörper aus (Abb. 2). Dabei geschieht dies in der Regel über dem anderen Arm, weil dadurch mehr Schulterdynamik erreicht werden kann. In bestimmten Situationen, z.B. nach engen Abwehren, kann ein Ausholen unter dem Arm vorteilhafter sein.
Er wird dann dicht an der Brust vorbei seitlich beschleunigt und arretiert, wenn die Faust genau in Höhe der Schulter ist (Abb. 3). In diesem Moment ist der Ellbogen noch kurz **vor** der Schulterlinie. Das ist unbedingt zu beachten, da der Ellbogen sonst bereits eine Drehbewegung um die Schulter begonnen hat, die den Empi vom Ziel entfernt und schwächt.
Gleichzeitig mit dem Empi erfolgt eine seitliche Rutschbewegung im Kiba-Dachi in den Gegner hinein. Erst diese Hüftbewegung ermöglicht dem sonst zu kurzen Empi, seine Wirkung in den Gegner hinein zu entfalten.
Die Wichtigkeit des Hüftschubs trifft für alle Empi-Techniken zu. Ebenfalls bei allen Empi soll die Faust so eng wie möglich an die Schulter geführt werden, was zu einer exakten Auftrefffläche führt.

WICHTIG

- *Weites, gestrecktes Ausholen des Arms.*
- *Arretierung, **bevor** der Ellbogen in der seitlichen Schulterachse ist.*
- *Gleichzeitige Hüftbewegung bei der Ausführung des Empi zum Ziel hin.*

1

2

3

Fehler

- Kreisförmiges Vorbeischlagen am Ziel.
- Fehlende Spannung in den Armmuskeln bei der Arretierung.

Folge: ungenaues Erreichen des Zieles, spannungsloses Auftreffen.

Shuto-Uchi (Schwert-, Handkantenschlag)

Der Shuto-Uchi (von innen nach außen) erfolgt (ebenso wie der Uraken) als eine peitschenähnliche Schlagbewegung. Getroffen wird diesmal mit der Handkante. Wegen der kleineren Trefffläche eignet sie sich besonders, um kleinere Punkte wie Halsschlagader oder auch Kehlkopf sicher zu treffen. Aus dem Wettkampf-Karate nahezu verbannt, gehört sie jedoch als eine Kerntechnik in die Karate-Selbstverteidigung.

1

Von außen nach innen

Die Ausführung beginnt mit dem Ausholen, die Hand dicht am Ohr, Innenfläche ausgedreht, Ellbogen in oder über Schulterhöhe (Abb. 1). Von hier aus beschleunigt der Oberarm nach vorne. Im zweiten Teil der Beschleunigung wird der Unterarm mit vorgedrückt, der Ellbogen öffnet sich, und in einer kleinen Kreisbewegung trifft die Handkante. Dabei zeigt die Innenfläche nach oben.

Haito-Uchi (innerer Handkantenschlag)

2

Von der Hüfte kommend trifft die Innenhandkante mit dem Knöchel des Zeigefingers die Schläfe oder den Hals (Abb. 2). Dabei muss die Hand einen mehr oder weniger großen Kreis beschreiben, um Geschwindigkeit aufzunehmen. Die Hand soll dabei so spät wie möglich zum Ziel gedreht werden, um dadurch noch eine Verstärkung des Kime zu erreichen.

Teisho-Uchi (Handballenstoß)

Der Teisho-Uchi ist vor allem in der Selbstverteidigung (also auf engem Raum) sehr wirkungsvoll. Gegen Vitalpunkte wie Kinn, Nase oder Stirn gerichtet kann er effektiver als ein Fauststoß sein.
Wichtig ist die starke Beugung des Handgelenks, um eine hohe Endspannung zu erreichen. Auch hier, wie in **allen** Karatetechniken, erhöht sich die Wirkung durch die Enddrehung.

WICHTIG

➤ *Wie bei allen Schlagtechniken ist weites Ausholen Voraussetzung für eine gelungene Technik.*
➤ *Nur maximale Anspannuung in der Hand ergibt den gewünschten Erfolg und verhindert Verletzungen an der Hand.*

Fußtechniken

Die Fußtechniken sind ein wesentliches Fundament des Karate. Ohne Fußtechnik wird kaum ein Karateka z.B. einem Boxer überlegen sein, ohne Fußtechniken wäre Karate wie Suppe ohne Salz. Erst die Fußtechniken ermöglichen es, eine Distanz zu seinem Gegner zu wahren, die auch eine Verteidigung gegen mehrere oder waffentragende Gegner erfolgreich werden lässt. Wenn im modernen Wettkampf bedauerlicherweise Fußtechniker und gute Fußtechniken immer seltener werden, so ist dieser Entwicklung umso mehr durch intensives Training und Betonung der Wichtigkeit entgegenzutreten.

Die Karate-Fußtechnik zeichnet sich durch drei Elemente aus:

1 Die Überwindung einer besonders großen Distanz.
2 Das Hervorbringen einer überdurchschnittlich dynamischen Technik durch Verbindung von Fuß- und Körpereinsatz.
3 Durch das Zurückschnappen der Technik hat der Ausführende, trotz der Größe der Technik, hervorragende Kontrolle über die Aktionen nach erfolgtem Fußstoß.

Diese drei Elemente machen den Fußstoß zur eigentlichen Haupttechnik des Karateka.

Mae-Geri (gerader Fußstoß)

Beim Mae-Geri wird das hintere Bein aus der schulterbreiten Stellung (Zenkutsu-Dachi, Abb. 1) zum Knie des Standbeines gezogen (Abb. 2), von dort zum Ziel gestoßen (Abb. 3) und zurückgefedert (Abb. 4), um vorne wieder schulterbreit abgesetzt zu werden. Seine besondere Dynamik erhält der Fußstoß durch den vorschnappenden Unterschenkel mit dem gleichzeitigen, starken Hüftschub.

Nur wenn beides genau koordiniert wird, hat es die gewünschte (und auch die geforderte) Wirkung. Dabei muss der Oberkörper in der Vorwärtsbewegung Spannung nach vorne haben, ohne vorzulehnen. Ein Zurückfallen würde jedoch erhebliche Kraft aus dem Stoß herausnehmen. Besondere Beachtung soll der Mechanik des tretenden Beines geschenkt werden. Hebt man das Knie nur bis zur Waagrechten und tritt dann Mae-Geri, so erfolgt die Bewegung des Unterschenkels auf einer Kreisbahn um das Kniegelenk. Die Trittrichtung zum Bauch des Gegners ist folglich fast senkrecht nach oben und somit kaum wirkungsvoll.
Erst wenn man das Knie **über** die waagrechte Linie anhebt, um es beim Tritt des Unterschenkels in den Gegner hineinzustoßen (oder wieder leicht zu senken), ergibt sich aus der Koordination von Aufwärtsbewegung (im Unterschenkel) und Abwärtsbewegung (im Knie) eine geradlinige Aufwärtsbewegung zum Ziel. Erst von einer Zielregion von der mittleren Brusthöhe an aufwärts verliert sich die Senkbewegung des Kniegelenks. Der Fuß wird sofort mit dem Hochziehen des Beines (parallel zum Boden) gebeugt und mit angezogenen Zehen in den Stoß mit hineingestreckt.

Man unterscheidet zwei Grundformen: den Mae-Geri-Keage und den Mae-Geri-Kekomi, die nachfolgend behandelt werden.

Mae-Geri-Keage

Dies ist der weitaus häufigere Fußstoß, der z.B. im Wettkampf nahezu ausschließlich gewertet wird. Ähnlich wie beim Uraken wird der Unterschenkel peitschend nach vorne

geschnappt, um mit dem Kime bereits zurückgerissen zu werden. Für den Ausführenden bedeutet das blitzschnelles Zurückgewinnen von Stand und Kontrolle. Die Treffhöhe sagt nichts über die Ausführung als »Keage« oder »Kekomi« aus.

Mae-Geri-Kekomi

Dieser Fußstoß ist besonders kraftvoll, weil die Körpermasse noch wirkungsvoller eingesetzt werden kann. In der Endphase der Bewegung arretiert das Stoßbein und kann dadurch den Körperstoß (Hüftschub) besser in den Gegner übertragen. Anders als beim Keage kann beim Kekomi auch mit der Ferse (Kakato) getreten werden.

WICHTIG

- *Von der schulterbreiten Stellung eng am Standbein vorbeitreten.*
- *Das Knie so früh wie möglich über die waagrechte Linie hochreißen.*
- *Gleichzeitige Schnappbewegung im Unterschenkel, Vorsenkbewegung des Knies, Streckbewegung im Fuß und Vorschub aus der Hüfte.*
- *Oberkörper mit Vorwärtsspannung aufrecht halten.*
- *Der Standfuß sollte sich nicht mit der Sohle vom Boden lösen (mit Ausnahme bei sehr hohen Fußstößen).*

Fehler

• Vor- oder Zurücklehnen des Oberkörpers. Folge: schwacher, druckloser, schlecht gezielter Fußstoß.
• Mangelhaftes Hochziehen des Knies vor der Streckung.
Folge: schlechte Wirkung beim Auftreffen (Vorbeiwischen), Hängenbleiben am Knie des Gegners.
• Herunterhängender Fuß beim Anziehen des Knies.
Folge: ungespannter Fußstoß, Verletzungsgefahr.
• Herumschwingen der Arme.
Folge: Vorwarnen des Gegners, langsames Abschließen der Technik (Wiederfinden der Balance), keine Vorbereitung einer Folgetechnik möglich.
• Fehlende Streckung im Fußgelenk.
Folge: Vorbeiwischen des Fußes am Ziel (Bauch), siehe Bild unten.

Übungshinweise

➤ Tritt gegen den Bauch (bzw. das Karategi in Bauchhöhe): Diese Übung sollte man sehr früh beginnen, um das Treffgefühl von Anfang an zu schulen. Dabei soll das Knie nicht ganz durchgestreckt werden. Man sollte diese Übung auch im beiderseitigen Zenkutsu-Dachi ausführen (und nicht mit dem Verteidiger im Hachiji-Dachi), um sofort das Heben über das gegnerische Knie zu üben.
➤ Übung mit drei Partnern (Abb. unten re.): Einer steht als Ziel dicht am knienden Partner, der zweite kniet quer dazu in der Bank und der dritte steht mit dem linken Fuß an der Hand des Knienden und tritt Mae-Geri. Diese Übung dient ebenfalls dem frühen Hochziehen des Beines, der guten Rückschnappbewegung und dem hohen Zurückführen des Beines.

Mae-Geri-Übung

Falsch: »nach oben« treten

➤ Partnerweise Aufstellung im Zenkutsi-Dachi. Zweimaliges Treten: einmal im Stand, also hinten absetzen, beim zweiten Mal im Gehen, also vorne absetzen. Dabei darauf achten, dass der zweite Stoß genauso hoch und schnell gemacht wird wie der erste.

➤ Im Gehen auf zwei Zeiten:
1. Zeit: Ausführen des Fußstoßes bis zum Zurückschnappen im Stand.
2. Zeit: Absetzen nach vorne.

Trainingshinweise für Fortgeschrittene

➤ Zwei Partner stehen sich gegenüber: Abwechselnd Mae-Geri im Stand zum Bauch treten.

➤ Zweimal Mae-Geri:
Erster Fußstoß im Stand bis zum Zurückschnappen, zweiter von der Mitte aus erneut treten und absetzen.

➤ Mae-Geri/Gyaku-Zuki:
Diese Kombination fördert das Tiefhalten der Hüfte beim Mae-Geri und das weite tiefe Absetzen nach dem Tritt.

Yoko-Geri (seitlicher Fußstoß)

Der seitliche Fußstoß ist eine der schönsten und wirksamsten Fußtechniken. Durch die besondere Wucht, aber auch die besondere Schwierigkeit, sie zu kontrollieren, wird der Fußstoß kaum im Wettkampf angewendet und noch seltener von den Kampfrichtern bewertet. Es gibt aber kaum eine Kata ohne Yoko-Geri.
Wie schon beim Mae-Geri unterscheiden wir Yoko-Geri-Keage und -Kekomi. Dabei ist der Yoko-Geri-Keage eigentlich eine Verteidigungstechnik, die ein seitliches Blockieren eines starken Angriffes ermöglicht und wegen des sofortigen Zurückschnappens einen direkten Gegenangriff erlaubt.
Der Yoko-Geri-Kekomi dagegen ist ein hervorragender Angriffsstoß. Er nützt die große Reichweite der Fußtechniken und die Wucht und Dynamik des gestreckten Stoßbeines mit der Unterstützung der eingedrehten Hüfte.

Yoko-Geri-Keage
Der Yoko-Geri wird normalerweise aus dem Kiba-Dachi ausgeführt. Zuerst setzt das hintere Bein kurz vor das vordere über. Dabei wird sofort das Gewicht auf den übergesetzten Fuß verlagert. Aus dieser Stellung kann man sowohl Yoko-Geri-Keage als auch -Kekomi treten. Beim -Keage (Abb. 1, S. 67) wird der Fuß in einer direkten Linie vom Boden zum Ziel gebracht. Entscheidend für die Wirksamkeit und Richtigkeit der Technik ist dabei das Führen des Stoßfußes auf einer Linie zum Ziel. Dies wird durch die ausgleichende Bewegung des Knies erreicht (siehe Abb. S. 68). Fehlt die Kniebewegung (zuerst vor den Körper ziehen und dann in den Stoß hineinstrecken), wird der Fußstoß entweder zu einem gymnastikartigen Hochschwingen oder zu einem Mawashi-Geri. Mit Erreichen des Zieles wird der Fuß zum Knie des Standbeines zurückgeschnappt, um von dort aus abzusetzen. Getroffen wird mit der Außenkante der Ferse.

Yoko-Geri-Kekomi
Der Yoko-Geri-Kekomi (Abb. 2, S. 67) unterscheidet sich nur in zwei Punkten vom -Keage. Zum einen wird das Bein, da es kraftvoller und waagrechter getreten werden soll,

vor dem endgültigen Stoß angezogen, um dann, zusammen mit der Hüfte, zum Ziel katapultiert zu werden; zum anderen arretiert das Bein im Kniegelenk kurz bei Erreichen des Ziels. Entscheidend für eine richtige, kraftvolle Ausführung ist letztlich der seitliche Hüftimpuls und die gute Koordination der Kniebewegung.

Endphase des Yoko-Geri-Keage

1

Endphase des Yoko-Geri-Kekomi

2

WICHTIG

➤ *Der Fuß wird (von der Körperseite gesehen) auf einer geraden Linie vom Boden ins Ziel gebracht.*

➤ *Da mit der Fußaußenkante getroffen wird, müssen die Zehen mindestens waagrecht zur Seite zeigen (besser: leicht nach unten).*

➤ *Der seitliche Hüftimpuls ist entscheidend für die richtige kraftvolle Ausführung des Kekomi.*

Fehler

- Das Knie bleibt neben dem Körper (anstatt vor dem Körper).

Folge: Der Fuß schwingt seitlich oder von hinten zum Ziel. Kein Stoß möglich.

- Zehen nach oben gestreckt.

Folge: Kein Treffen mit der Außenkante möglich, die Kraft des Fußstoßes wird aufgehoben, Verletzungsgefahr.

- Der Oberkörper fällt vor; Fuß, Gesäß und Oberkörper bilden keine Linie mehr, sondern ein Dreieck.

Folge: schwacher Fußstoß, Gleichgewichtsverlust, schlechte Kombination mit anderen Techniken.

Übungshinweise

➤ Gutes Vordehnen bereits in der Gymnastik (seitliches Auflegen des Fußes auf die Schultern des Partners).

Oben: Gerades Hochziehen

Unten: Fuß außerhalb der Linie

Partnerübung zum Yoko-Geri

➤ Mit einem Partner folgendermaßen üben (Abb. oben): Ein Partner steht normal, Arme vor der Brust verschränkt, der andere seitlich zu ihm. Üben auf zwei Zeiten (später in einer).

1. Zeit: Fuß über die verschränkten Arme treten, ablegen.
2. Zeit: Zurücksetzen.

➤ Yoko-Geri gegen die Wand treten und in der Technik stehen bleiben. Wer das Bein hoch genug ansetzt und Druck vom Standbein her entwickelt, schafft es, an der Wand stehen zu bleiben.

Trainingshinweise für Fortgeschrittene

➤ Yoko-Geri-Keage im seitlichen Gehen. Dabei, bevor der Fuß absetzt, ein weiteres Mal Yoko-Geri-Kekomi treten.

➤ Yoko-Geri-Kekomi aus Kokutsu-Dachi mit dem vorderen Bein.

➤ Um die seitlichen Hebemuskeln zu trainieren, kann man den Yoko-Geri (langsam!) mit schweren Schuhen (Skischuh, Eisenschuh) ausführen.

Mawashi-Geri (Kreisfußstoß)

Der Mawashi-Geri ist eigentlich entwickelt worden, um einen Gegner um die Abwehr herum noch treffen zu können. Oder anders ausgedrückt: Wenn der direkte Weg zum Gegner versperrt ist, gelingt es manchmal, ihn von der Seite her zu erreichen.

Im Gegensatz zum Mae- und Yoko-Geri wird der Mawashi-Geri im Wettkampf fast ausschließlich zum Kopf getreten. Das erfordert eine hohe Gelenkigkeit. Er wird daher meist nur von Spezialisten getreten, die über die dazu notwendige Flexibilität verfügen.

In der Technik unterscheiden wir die grundschulmäßige und die wettkampfmäßige Ausführung.

Bei der Grundschulform wird der hintere Fuß direkt zur Hüfte hochgezogen. Dabei bilden Knie, Unterschenkel und Fuß eine waagrechte Ebene seitlich vom Körper, die Zehen des

Mawashi-Geri mit dem Fußballen

Stoßfußes sind angezogen und zeigen nach vorne. Jetzt dreht der gesamte Körper im Standbein so weit vor, bis das Knie des tretenden Beines fast auf einer Linie zwischen dem Ausführenden und dem Ziel ist. Jetzt erst schnappt der Unterschenkel im Kniegelenk vor und sofort wieder zurück. Es ergibt sich dadurch ein Peitscheneffekt, wie er, ähnlich beim Uraken-Uchi, dem Faustrückenschlag, vorkommt. Getroffen wird mit dem Fußballen seitlich vom Ziel. Dabei dreht der Fuß des Standbeines leicht mit der Ferse nach vorne, wird aber beim Absetzen wieder zurückgedreht. Beim Zurückschnappen kann man sowohl nur den Unterschenkel zurücknehmen (um in einer Kombination, z.B. Mawashi-Geri/ Gyaku-Zuki, fortzufahren oder sich durch das angezogene Bein zu schützen) oder auch bereits wieder die Hüfte etwas zurückdrehen.

In der Wettkampfform wird der Fuß wie beim Mae-Geri erst zum Standbein, eventuell sogar zum Knie vorgezogen, bevor das seitliche Kippen der Hüfte und seitliche Heben des Beines beginnt. Das hat den Vorteil, dass der Gegner erst im allerletzten Moment erkennt, dass der Mawashi-Geri geplant und getreten wird. Ohne dies ist ein Erfolg im Wettkampf unwahrscheinlich.

Die zweite wettkampfmäßige Veränderung wird beim Auftreffen im Fuß vorgenommen. Um die Verletzungsgefahr am Kopf zu verringern, tritt man im Wettkampf nicht mit dem Fußballen, sondern mit dem Spann

1

2

Oben: Endphase Mawashi-Geri-Jodan
Unten: Mawashi-Geri mit dem Spann

(Abb. unten). So ist, bei guter Ausführung, das kontrollierte Berühren der Haare, selbst bei rasanten Fußstößen, möglich. Grundsätzlich sollte der Anfänger die ersten Jahre ausschließlich und der Fortgeschrittene auch weiterhin die grundschulmäßige Form üben und im Kihon-Training beibehalten. Sie ist sehr viel stärker als die wettkampfmäßige Form.

WICHTIG

- *Frühes Hochziehen des tretenden Beines und Einsatz der gesamten Hüfte.*
- *Grundschulmäßiges Treten erfolgt immer mit dem Ballen, nicht mit dem Spann.*
- *Sofortiges Zurückschnappen des Unterschenkels.*

Fehler

- Hochziehen des Beines zu spät.

Folge: zu schwacher Drehimpuls, zu schwache Technik.

- Treten mit dem Spann in der Grundschule oder im Chudan-Bereich.

Folge: zu schwache Technik, keine Wertungschance, Verletzungsgefahr.

- Abkippen des Oberkörpers beim Tritt.

Folge: kraftloser, ungenauer Tritt.

- Kein Vordrehen der Ferse des Standfußes.

Folge: Die Hüfte bleibt zurück, kraftloser Tritt, Verletzungsgefahr im Knie.

Übungshinweise

➤ Ausführung auf zwei Zeiten:
1. Zeit: Treten und das zurückschnappende Bein an der Hüfte mit dem Arm festhalten (Stand auf einem Bein).
2. Zeit: Absetzen, oder:
1. Zeit: Bein hochziehen zur Hüfte (Stand auf einem Bein).
2. Zeit: Mawashi-Geri ausführen und absetzen.

➤ Partnerübung:
Ein Partner steht mit verschränkten Armen etwa 45° abgedreht gegenüber, der andere tritt aus Heisoku-Dachi (geschlossene Füße) oder Zenkutsu-Dachi Mawashi-Geri gegen den Bauch oder die Brust.

Trainingshinweise für Fortgeschrittene

➤ Zwei Partner im Stand gegenüber, der eine tritt mit an die Hüfte gezogenem Bein fortlaufend 5 bis 10 Mawashi-Geri ohne abzusetzen gegen den Bauch des um 45° abgedrehten Partners.

➤ Zwei Partner im Zenkutsu-Dachi, beide das linke Bein vorne:
1. Zeit: im Gehen (der andere geht dabei zurück) Mawashi-Geri auf die Schulter, hinter den Kopf legen (treten).
2. Zeit: im Stand absetzen.

➤ Mawashi-Geri aus Kokutsu-Dachi mit dem vorderen Bein treten.

Falsch: Oberkörper abgekippt

Partnerübung für Mawashi-Geri

Ushiro-Geri (Rückwärtsfußstoß)

Ushiro-Geri ist ein moderner Fußstoß. Er wurde erst in den 70er-Jahren populär und verbreitet trainiert. Der Ausführende tritt dabei aus der Grundstellung (Zenkutsu- oder Kokutsu-Dachi) mit dem hinteren Bein. Wird der Gegner davon überrascht, hat er kaum die Möglichkeit, den Stoß abzuwehren.
Im Wettkampf werden jedoch die meisten Ushiro-Geris bereits in der Drehung erkannt und ein Treffer kann durch Ausweichen vermieden werden. Er kann sehr gut dazu benutzt werden, die Deckung des Gegners zu öffnen, da, anders als z.B. beim Mae-Geri, die empfindlichen Zehen und das Schienbein nicht von der Abwehr getroffen werden.
Der Ushiro-Geri wird durch die Drehung der Hüfte und des Oberkörpers rückwärts zum Gegner hin eingeleitet (Abb. 2, S. 74). Dabei verlagert sich das Körpergewicht auf das vordere Bein. In der zweiten Phase tritt das hintere Bein in einer geraden Linie vom Boden ins Ziel. Um diese Geradlinigkeit zu erreichen, muss, ähnlich wie beim Mae-Geri, das

1

2

3

4

5

6

Knie zuerst leicht gebeugt werden (Abb. 3, S. 74), um dann explosiv in den Stoß gestreckt zu werden (Abb. 4, S. 74). In der Regel tritt man den Ushiro-Geri mehr in einer Kekomi-Form, d.h. mit kräftiger Arretierung zum Schluss. Man kann ihn aber auch schnappend zurückreißen. Trefffläche ist die Ferse. Der Oberkörper muss, um das Gleichgewicht zu halten und um einen weitreichenden Stoß zu ermöglichen, leicht aus der Senkrechten gekippt werden. Er beschleunigt auch als Gegengewicht das Hochreißen des Stoßbeines. In der Wettkampfausführung des Ushiro-Geri kann dieses Wegkippen, je nach Gelenkigkeit des Tretenden, verstärkt oder weggelassen werden. Ebenso wird, ähnlich wie beim Mawashi-Geri, auch weniger mit der Ferse getroffen, was zu erheblichen Verletzungen führen könnte, als mit der ganzen Sohle. Man sollte jedoch im Training die unterschiedliche Form der Grundschul- und Wettkampfausführung beibehalten. Die Absetzbewegung, verbunden mit der Weiterdrehung der Hüfte und des Oberkörpers, beginnt erst **nach** dem Zurückziehen des Stoßbeines (Abb. 5, S. 74).

Ushiro-Geri

Falsch: Ausführung wie Yoko-Geri

Hier liegt einer der häufigsten Fehler beim Ushiro-Geri begründet. Wenn der Ausführende bereits im Stoß die Weiterdrehung des Oberkörpers einleitet (oder sie gar nicht unterbrochen hat), wird aus dem Ushiro-Geri eine Art Yoko-Geri, der meist am Ziel vorbeiwischt.

Fehler

- Ushiro-Geri in einer einzigen, unabgesetzten Drehbewegung.
Folge: Der »Stoß« wischt am Ziel vorbei oder trifft kraftlos geschwungen.
- Der Oberkörper bleibt in der Senkrechten.
Folge: Bei mangelnder Gelenkigkeit hat der Fußstoß weder Reichweite noch Dynamik.
- Der Ausführende setzt zu Beginn der Bewegung das vordere Bein nach innen.
Folge: Man warnt den Gegner vor, dass ein Ushiro-Geri folgt.

Übungshinweise

➤ Üben in drei Zeiten:
1. Zeit: Rückwärtiges Eindrehen. Das Stoßbein bleibt noch hinter (in Zehenrichtung vor) dem Standbein, der Blick ist bereits weitergedreht zum Ziel.
2. Zeit: Ausführung des Trittes und Zurückziehen zur Hüfte oder zum Boden.
3. Zeit: Weiterdrehen des Körpers und Absetzen des Stoßbeines.

➤ Später in zwei Zeiten, dabei werden die Zeiten eins und zwei zusammengezogen.

➤ Zwei Partner stehen voreinander, Rücken zum Gesicht (Abb. 1, S. 77). Der Rückwärtsstehende tritt aus dem Stand nur Ushiro-Geri (Abb. 2, S. 77) und setzt das Bein wieder zurück (bei Ausführung in zwei Zeiten hält der stehende Partner den Fuß am Bauch fest und richtet, falls nötig, die Zehen nach unten).

➤ Ushiro-Geri mit Partner im Gehen. Beide stehen links vorne im Zenkutsu-Dachi:
1. Zeit: Der Verteidiger geht einen Schritt zurück, und der Angreifer tritt Ushiro-Geri.
2. Zeit: Absetzen.

Trainingshinweise für Fortgeschrittene

➤ Üben des Ushiro-Geri aus einer Rückwärtsbewegung, z.B. Zurückgleiten in Kokutsu-Dachi und Treten von Ushiro-Geri.

WICHTIG

➤ *Der Stoß beginnt mit der Drehung der Hüfte, wird aber bei fixierter Hüfte beendet.*

➤ *Die Stoßbewegung des Beines entspricht einem umgekehrten Mae-Geri.*

➤ *Die Weiterdrehung zum neuen Stand wird erst nach erfolgtem Stoß durchgeführt.*

1

2

➤ Erfolgt der Ushiro-Geri auf engstem Raum oder geht der Verteidiger im gleichen Moment vor, so wird der Fußstoß zum Ushiro-Mawashi-Geri abgewandelt (Abb. 3). Die Bahn, auf der der Tritt vorgebracht wird, verläuft kreisförmig um das vordere Bein und das Auftreffen ebenso. Verbunden mit einer Schlagbewegung des Unterschenkels und der Fußsohle hat auch dieser schwächere Fußstoß ausreichende Wirkung.

3

Ura-Mawashi-Geri (kreisförmiger Tritt mit der Fußrückseite)

Der Ura-Mawashi-Geri ist erst durch Kämpfer wie Terry O'Neal, Jürgen Willrodt und den Autor dieses Buches bekannt geworden.

Geboren wurde er aus einer immer perfekter werdenden Deckung des Verteidigers, die den Angreifer mehr oder weniger zwang, um sie herum zum Ziel zu kommen. Gelingen kann diese Technik nur Kämpfern mit extrem gelenkiger Hüfte und einem perfekten Timing. Ziel ist es, den Gegner auf engstem Raum derart anzugreifen, dass der Angriff hinter der Verteidigungslinie der Arme erfolgt. Das hat jedoch zur Folge, dass man bereits geschlagen ist, falls der Angriff nicht genau zum richtigen Zeitpunkt erfolgt.

Ein zusätzlicher Vorteil dieser Technik ist, dass dem Verteidiger, wenn es gelingt, den Angriff durchzuführen, kaum eine Angriffsfläche geboten wird. Der Ura-Mawashi-Geri unterscheidet sich vom Ushiro-Ura-Mawashi-Geri dadurch, dass er ohne Drehung (entweder mit dem vorderen oder dem hinteren Bein) getreten wird. Der Ushiro-Ura-Mawashi-Geri wird wie der Ushiro-Geri mit einer ganzen Drehung des Körpers getreten. Dabei trifft im Wettkampf die Fußsohle, während die härtere Ausführung mit der Ferse getreten wird.

Ura-Mawashi-Geri mit dem vorderen Bein

Man unterscheidet drei grundsätzliche Formen:

Ura-Mawashi-Geri mit dem vorderen Bein

Diese Technik (Abb. 1, 2, S. 78) ist die schnellste, kürzeste und sauberste Form. Meist ist der Gegner völlig überrascht, so dass auch kaum eine Gegenwehr erfolgt. Sie gelingt am besten gegen unerfahrene Gegner oder solche, die sich zu sicher fühlen. Gegen zurückweichende Gegner ist sie kaum anzuwenden. Dabei muss in der Ausführung der Fußstoß leicht eingesprungen werden, da sonst die Reichweite nicht ausreicht, um seitlich vom Kopf zu treffen.

Ura-Mawashi-Geri mit dem hinteren Bein

Dies ist die bekannteste Form (Abb. 1–3). Der Angreifer zieht das hintere Bein vor dem Körper hoch, so dass der Verteidiger auf einen Mae- oder Mawashi-Geri reagiert, um dann von der seitlichen Umgehung zum Ura-Mawashi-Geri überrascht zu werden. Eine andere Möglichkeit ist, den Fußstoß in dem Moment auszuführen, da der Gegner in einem Angriff an einem selbst vorbeigeht.

1

2

3

Ura-Mawashi-Geri mit dem hinteren Bein

1

2

3

Ushiro-Ura-Mawashi-Geri

Hier vollzieht der Ausführende eine ganze Drehung, beginnt mit der Beinarbeit wie beim Ushiro-Geri (Abb. 2), hebt aber dann das Stoßbein abschließend in Kopfhöhe, um seitlich vom Kopf zu treffen (Abb. 3). Diese Technik ist enorm schwierig und setzt ein Höchstmaß an Körperbeherrschung voraus. Die häufig zu sehende Form, dass der Fußstoß einfach an dem (inzwischen zurückgewichenen) Kopf vorbeigeschwungen wird, ist sträflicher Leichtsinn und sollte von Trainern und Kampfrichtern sofort mit allen Mitteln unterbunden werden!

Fehler

- Abkippen des Oberkörpers beim Tritt.
Folge: Keine Spannung und keine Masse im Tritt, der Fußtritt kann höchstens noch berühren oder unkontrolliert getreten werden. Kein sicherer Stand nach der Aktion.
- Keine oder zu wenig Bewegung des Unterschenkels im Knie zum Ziel hin.
Folge: keine Wirkung des Fußtritts, leicht abzuwehren.
- Zu großer Abstand der Kämpfer bei der Ausführung.
Folge: Das Bein kann nicht um die Deckung herumgeführt werden.

Partnerübung

Übungshinweise

➤ Gelenkigkeitstraining.
➤ Trainieren des Bewegungsablaufs in langsamer Form.
➤ Halteübungen am Ende der Bewegung.
➤ Ausführung des Fußtrittes mit Festhalten am Arm des Partners (Abb. oben).

WICHTIG

➤ *Voraussetzungen für diesen Fußstoß sind besondere Gelenkigkeit und langjährige Karatepraxis.*
➤ *Die Sicherheit des Verteidigers, d.h. die Kontrolle der Technik im Ziel, ist oberstes Gebot.*

Trainingshinweise für Fortgeschrittene

➤ Trainieren des Ansatzes, so dass der Ansatz von Ashi-Barai, Mae-Geri, Mawashi-Geri und Ura-Mawashi-Geri nicht unterschieden werden kann.
➤ Training des Fußschlages gegen ein Ziel (Hand oder Sandsack).
➤ Ausführung der Technik innerhalb eines langsamen Randori oder einer festgelegten Übungsfolge, um das schwierige Timing zu üben.

Kumite-Formen

Erläuterungen zum Partnertraining

Unter den vielen, möglichen Zielen des Partnertrainings sollen zwei zu Beginn herausgestellt werden:

- Zeitliche Abstimmung der Grundschultechniken auf das Zusammenwirken mit dem Partner
- Schutz des Partners

Das erste Ziel ergibt sich logischerweise aus dem Sinn des Partnertrainings. Der eine will seinen Gegner angreifen, erreichen, der andere sich verteidigen, den Angriff abwehren. Beides geht nicht, wenn man seinen Partner verpasst.
Das zweite Ziel muss über allem Üben, über den methodischen Ideen des Trainers, über Trainingseifer und Kampfeslust stehen:

> Die Sicherheit des Partners ist oberstes Ziel im Kumite!

Daher fängt man mit den einfachsten (sichersten) Übungen an, steigert sich über schwierigere Aufgaben bis hin zum freien Kampf, der umfassendsten Form.
Jede Stufe stellt bestimmte Anforderungen an den Übenden, setzt ein bestimmtes Können voraus. Wohl übt der Fortgeschrittene immer wieder die Anfänger- und Grundübungen, es ist jedoch nicht sinnvoll und dazu gefährlich, wenn der Anfänger Übungen, Entwicklungsstufen überspringt und Kampfübungen »ausprobiert«, die erfahreneren Karateka vorbehalten sein sollten. In der Praxis sind die einzelnen Übungen nicht pedantisch voneinander getrennt, der Übergang ist fließend. Aber die Übungsziele, die jeder Beschreibung der verschiedenen Übungsstufen vorangestellt sind, sollten besonders beachtet werden.

Gohon-(Sanbon-)Kumite

»Go« heißt im Japanischen fünf (»San« heißt drei). Es ist also ein Kumite, bei dem fünfmal hintereinander angegriffen werden soll.
In der Regel wird diese Kumite-Form in der ersten Prüfung verlangt.

Ziele

- Harmonisierung des Bewegungsablaufes von Angriff und Abwehr.
- Verbesserung der Vorwärtsbewegung des Angreifers.
- Stabilisierung der Standfestigkeit des Verteidigers – trotz Rückwärtsbewegung.
- Genauigkeit von Abwehr und Angriff.

Ausführung

Wie bei allen Kumite-Formen wird zuerst der Partner angegrüßt, dann Maß genommen, und zwar in der gewählten Angriffsstufe (-höhe) (Abb. 1).
Anschließend holt der Angreifer mit dem linken Arm zu Gedan-Barai aus (Abb. 2) und führt diese Abwehr gleichzeitig mit dem Zurücksetzen des rechten Fußes aus (Abb. 3).
Der Verteidiger wartet währenddessen ruhig in der Ausgangsposition (Shizentai).
Nun sagt der Angreifer seinen Angriff an.
Die vollständige Ansage beinhaltet sowohl die Technik als auch die Angriffsstufe. Zum Beispiel: »Jodan-Oi-Zuki«.
In der Praxis wird meist die Technik weggelassen, da diese klar ist. Auf das Startkommando (Hajime) greift der Partner fünfmal mit fünf Schritten an. Bei der letzten Technik stößt er einen Kiai (Kampfschrei) aus (Abb. 4–8, S. 84).
Der Verteidiger geht fünfmal ruhig zurück. Dabei soll er vermeiden, vor dem Angreifer loszugehen. Nach der letzten Abwehr führt er einen Gegenangriff (in der Regel Gyaku-Zuki) mit Kiai aus (Abb. 9, S. 84). Für den Angreifer ist es wichtig, dass er beide Füße jeweils beim Angriff **innen** in die Stellung des Verteidigers hineinsetzt. Es erscheint für Anfänger zuerst leichter, außen vorbeizusetzen. Jedoch fördert das die typischen Anfängerfehler wie breitbeiniges Angreifen und schmales, wackliges Zurückgehen des Verteidigers (Abb. 10, S. 85).

1

Maß nehmen

2

3

Abb. 4–8: Die fünf Angriffe im Gohon-Kumite

Abb. 9: Gegenangriff Gyaku-Zuki (unten)

Abb. 10: Falsch: Der rechte Angreifer hat außen angegriffen.

Abb. 11: Der Verteidiger steht vorwärts auf.

Durch das Innen-herein-Setzen des Angreifers wird der Verteidiger gezwungen, breiter zurückzugehen. Tut er es dennoch nicht, soll der Angreifer mit seinem Fuß die Stellung des Verteidigers von innen nach außen aufdrücken. Besonders wichtig für die Sicherheit ist, dass der Angreifer weder **zu früh** angreift noch sich in den Angriff vorlegt. Beides führt leicht, vor allem im Jodan-Bereich, zum Kontakt am Kopf.

Je mehr der Verteidiger die typische Zick-Zack-Form des Zurückgehens beherzigt (vorderen Fuß an den hinteren Fuß heranführen, schulterbreit nach hinten absetzen), desto sicherer ist sein Stand.Nach erfolgtem Gegenangriff soll der Verteidiger unbedingt **vorwärts** aufstehen (Abb. 11). Er stabilisiert dadurch sowohl seinen Stand als auch die vorwärtsgerichtete Hüftarbeit im Gegenangriff. Am besten drückt er mit gestrecktem Gyaku-Zuki den Angreifer in seine Stellung zurück und verhindert dessen falsches Aufstehen nach vorne.

WICHTIG

- *Deutliche Ansage der Angriffsstufe (-technik).*
- *Nicht schneller angreifen als es das Niveau des Verteidigers erlaubt.*
- *Sicherer Stand und genaues Zielen.*
- *Der Angreifer setzt seine Füße innen ab. Der Verteidiger geht breit genug dafür.*

Fehler

- Unklarheit über die Angriffsstufe.
- Falsche Zielregion.
- Die Abwehr wird über das Ziel (Arm, Bein) hinausgeschlagen.
- Kein Kiai im letzten Angriff oder Gegenangriff.
- Auf den Boden (anstatt in die Augen des Partners) sehen.
- Abwehr gegen den Ellbogen des Verteidigers (Verletzungsgefahr).

Kihon-Ippon-Kumite

Der Name verrät bereits das Wichtigste. »Kihon« bedeutet Grundschule, »Ippon« heißt einmal und »Kumite« ist Partnertraining. Also ein grundschulmäßiges Partnertraining mit einem Angriff.

Ziele

- Erlernen eines explosiven Angriffes aus dem Stand heraus.
- Aneignung unterschiedlichster Ausweichmöglichkeiten nach allen Seiten für den Verteidiger.
- Grundschulmäßige Anwendung verschiedenster Abwehren und Gegenangriffe.
- Schulung der Konzentrationsfähigkeit.
- Aufbau eines gerichteten Willen-Kraft-Feldes (»Ki«), das den kontrollierten, aber zielbewussten Angriff zur Folge hat.

Ausführung

In seiner einfachsten Form gleicht das Kihon-Ippon-Kumite dem ersten Angriff im Gohon-Kumite. Hinzu kommt der Gegenangriff des Verteidigers nach dem letzten Angriff.

1

4

Ein Partner nimmt Maß (Abb. 2), geht in Gedan-Barai zurück (Abb. 3), sagt seine Angriffsstufe und Technik an und greift einmal an (Abb. 4). Jetzt macht der Verteidiger seinen Gegenangriff (Abb. 5) und die erste Form ist beendet.

Ebenso wie im Gohon-Kumite soll der Verteidiger nun wieder **vorwärts** aufstehen (Abb. 5). Je nach Aufgabenstellung dieser Kihon-Ippon-Kumiteform wird nun mit links oder einer anderen Technik erneut angegriffen.

Grundform des Kihon-Ippon-Kumite

In der Folge wird die Grundform des Kihon-Ippon-Kumite dargestellt.

Grundform des Kihon-Ippon-Kumite

Der Angreifer greift Jodan- und Chudan-Oi-Zuki rechts und links an.

WICHTIG

Der Angreifer muss immer rechts und links innerhalb einer Stufe angreifen, bevor er die Stufe wechselt.

Da es erfahrungsgemäß den Verteidigern die größte Mühe macht, rechts und links nicht zu verwechseln, muss diese Sicherheit besonders trainiert werden.
Das Ziel dieses Trainings ist, den Verteidiger in einfachster Form damit vertraut zu machen, dass er sich den Angriff vor der eigentlichen Aktion in Gedanken vergegenwärtigt. Alle auszuführenden Bewegungen von Abwehr und Gegenangriff müssen vor dem eigentlichen Angriff mehrfach im Kopf durchgespielt sein.
Erst dadurch wird die Aktionsgeschwindigkeit des Verteidigers ausreichend groß, um Abwehr und Gegenangriff erfolgreich abzuschließen.
Die Fähigkeit, sich komplexe Bewegungsabläufe im Geist vorzustellen (Antizipation), ist eines der Ergebnisse, die mit Karate (und anderen Budosportarten) erreicht werden können. Man kann sehr schnell gute und schlechtere Karateka gerade an dieser Fähigkeit erkennen.
Voraussetzung für diese Fähigkeit ist immer **Konzentration**.
Die Übenden müssen deshalb ständig darauf hingewiesen werden, das Kumite in aller Ruhe durchzuführen.
Auch der Angreifer muss sich seinen Angriffsablauf vorher mehrfach vergegenwärtigen. Tut er dies nicht, erfolgt der Angriff mechanisch, ohne Einstellung zum Partner und zur Situation. Er zwingt den Verteidiger zu einer vorschnellen, unausgewogenen Reaktion.
Bei einem Fortgeschrittenen kann das sogar Absicht, also Übungsziel sein, bei den Anfängern ist es jedoch unbedingt zu vermeiden. Ziel dieses Anfänger-Kihon-Ippon-Kumite ist zuerst, den formalen Ablauf von Ausgangsstellung–Angriff– Abwehr–Gegenangriff–Ausgangsstellung jederzeit und vollständig zu beherrschen. Deshalb sollten die ersten Übungsformen auch nicht zu schwierig sein, damit sich die Bewegungsabfolge leicht einprägt.
Nach erfolgtem Gegenangriff sollen beide Partner **Zanshin** bewahren. Zanshin wird im modernen Karate stark vernachlässigt. Es bedeutet so viel wie »den Kampfgeist über die Technik hinaus bewahren« oder auch »das Zurückkommen von Vorstellungen und Gedanken nach dem höchsten Punkt der Konzentration«.
Mit der ersten Erklärung ist gemeint, dass der Kämpfer nicht nach erfolgter Aktion seine Haltung und geistige Einstellung aufgibt und ohne Bezug zur Kampfsituation einfach aufsteht. Er soll vielmehr nach wie vor in der Lage sein, seinen Gegner zu beherrschen, seinen Aktionen zu begegnen und seine Absichten vorausahnen zu können. Ein **hohes Ziel**! Umso mehr muss es gefordert und geschult werden.
Die zweite Erklärung bezieht sich auf den inneren Zustand völliger Konzentration auf das gewünschte Ziel: Angriff oder Abwehr. Durch nichts darf diese Zielgerichtetheit gestört werden, will man den gewünschten Erfolg haben. Nachher muss man wieder »auf die Erde zurückkommen«.
Das ist Zanshin.
Im modernen Wettkampfkarate soll der Kampfrichter dem Kämpfer den Punkt nicht geben, wenn Zanshin fehlt. Wenn dies leider auch so gut wie nie passiert, ist es dennoch für die Bedeutung von Zanshin bezeichnend, dass diese Forderung erhoben wird.

Fehler

- Zu hastige Ausführungen.
- Zu komplizierte Gegenangriffe des Verteidigers.
- Keine Vorbereitung (Antizipation), keine Nachbereitung (Zanshin) der Aktionen.
- Veränderung der korrekten grundschulmäßigen Ausführung zu einer mangelhaften, kampfmäßigeren Form.

Zanshin mit arretiertem Gegenangriff

Zanshin mit zurückgeschnapptem Gegenangriff

WICHTIG

- *Ruhiges, konzentriertes Üben.*
- *Einfache Übungsformen.*
- *Immer beidseitiges Üben.*

Kihon-Ippon-Kumite
(Prüfung zum 6. Kyu DKV)

In der gültigen Prüfungsordnung des DKV (2000) wird zum 6. Kyu verlangt, dass der Verteidiger wahlweise rechts oder links zurückweicht (Abb. 1, 2).

3

4

5

6

Bei der Verteidigung gegen Mae-Geri soll der Prüfling gegen den Angriff mit rechts wie in Abb. 3 und 4 und gegen den Angriff mit links wie in Abb. 5 und 6 ausweichen und den Gegenangriff ausführen.

Fehler

- Zu hastiger, unkonzentrierter Aufbau.
- Der Angreifer versucht, nicht wirklich anzugreifen, sondern macht eine grundschulmäßige Angriffsform, die den Verteidiger nicht gefährdet.
- Unvorbereitete Abwehrreaktionen.
- Gegenangriffe, die für das Niveau des Verteidigers zu schwer sind und dazu führen, dass die Ausführung weder ausreichend noch sicher ist.
- Einseitige Abwehrtechniken (immer gleiche Seite oder gleicher Abwehrarm).
- Zu harter Kontakt im Gegenangriff.
- Kein Zanshin.

WICHTIG

➤ *Ohne den korrekten Abstand ist ein Angriff sinnlos.*

➤ *Ohne die Absicht, wirklich anzugreifen, ist die Abwehr überflüssig.*

➤ *Der Gegenangriff muss zur gewählten Distanz passen und ebenso wirkungsvoll sein wie der Angriff.*

➤ *Vor dem Angriff und nach dem Gegenangriff haben beide Partner etwa 2 Sekunden Zanshin zu wahren.*

Oben: Zu späte Abwehr

Rechts oben: Mangelhafter (gefährlicher) Gegenangriff

Rechts unten: Gegenangriff mit zu hartem Kontakt

Abb. 1–4: Prüfungsform zum 6. Kyu

Partnerübungen zum Freikampf (nach der Prüfungsordnung des DKV 2000)

In der neuen Prüfungsordnung werden »Partnerübungen zum Freikampf« eingeführt. Der Sinn hierfür ist, die unteren Kyugrade an die flexibleren Bewegungsmuster, die im modernen Freikampf erforderlich sind, heranzuführen. Schrittweise werden sie mit einer Technik pro Prüfung zu einem beweglichen Verteidigerverhalten veranlasst.

Die Reaktionen auf die Angriffe mit Kizami-Zuki, Jodan-Gyaku-Zuki und Mae-Mawashi-Geri-Jodan sind grundsätzlich gleich:

- Rhythmisierung von Angriff und Abwehr
- seitliche Ausweichbewegungen mit wenig Abwehrkontakt
- **zurückgeschnappter** Gegenangriff

Zum 3. Kyu werden De-Ai-Techniken verlangt. Damit ist gemeint, dass der Verteidiger **gleichzeitig** mit dem Angriff abwehrt und den Gegenangriff ausführt.

**Abb. 5, 6:
Prüfungsform
zum 5. Kyu**

**Abb. 7:
Prüfungsform
zum 4. Kyu**

Jiyu-Ippon-Kumite

Der Name besagt: freies, einmaliges Angreifen. Wie mehrfach bemerkt, soll die Abfolge der verschiedenen Kumite-Formen ein methodischer Weg von den Anfängerübungen bis hin zum freien Kampf sein. Mit ständig steigendem Niveau des Übenden werden auch die Anforderungen sowohl körperlich als auch geistig hochgesetzt. Ein letztes Glied in dieser Kette ist das Jiyu-Ippon-Kumite. Es gibt nicht ein Jiyu-Ippon-Kumite. Je nach Ausbildungsstufe, Zielsetzung des Trainers oder Situation im Training verändern sich die Schwerpunkte in diesem Kumite.
In seiner einfachsten Form ist es ein Kihon-Ippon-Kumite mit anderer Ausgangsstellung. In der höchsten Form ist es ein freier Kampf mit Zielvorgabe. Deshalb wird zuerst die normale, prüfungsmäßige Form des Jiyu-Ippon-Kumite vorgestellt und erläutert und anschließend auf leichtere Vorformen oder schwierigere Erweiterungen eingegangen.

Ziele

- Verstärkung des »Ein-Punkt-Gedankens« beim Angreifer.
- Aneignung verschiedener kampfspezifischer Reflexhandlungen beim Verteidiger.
- Erlernen des freien Kampfes in einzelnen Abschnitten.
- Vereinfachtes Training wettkampfbezogener Kombinationen.

Ausführung (Prüfungsform)

Nach dem Angrüßen gehen beide Partner mit dem linken Bein vorwärts in die Ausgangsstellung. Der Abstand sollte daher beim Angrüßen auch etwa drei Meter betragen, um das Vorgehen zu ermöglichen. Jeder der beiden kann natürlich stattdessen auch mit dem rechten Bein in die Ausgangsstellung vorgehen.

Jetzt sagt der Angreifer seine Angriffsabsicht an. Normalerweise beinhaltet das erstens die Angriffsstufe und zweitens die Angriffstechnik. Also z.B. Jodan-Oi-Zuki oder Chudan-Mae-Geri. In der Praxis wird meist nur »Jodan« für Jodan-Oi-Zuki entsprechend »Chudan« für Chudan-Oi-Zuki, »Mae-Geri« für Chudan-Mae-Geri usw. angesagt.

Nach dem Ansagen bemüht sich der Angreifer, in eine gute Angriffsstellung zu gelangen. Dazu hat er grundsätzlich zwei Möglichkeiten. Entweder er rutscht langsam in die richtige Angriffsposition vor oder er steppt mehrfach um seinen späteren Angriffspunkt herum, bevor er plötzlich, aus dieser Bewegung heraus, angreift.

Beide Methoden haben Vor- und Nachteile. Bewegt man sich langsam auf seinen Gegner zu, so hat das den Vorteil, dass man jederzeit bereit ist, selber zu verteidigen (wie das im späteren freien Kampf der Fall sein wird). Außerdem wird der Verteidiger nicht so »erschreckt«, eher eingeschläfert, bevor plötzlich der Angriff startet. Auch kann der Angreifer bei dieser Form sehr gut den Zeitpunkt des Angriffs verdecken.

Der Nachteil dieser Methode ist, dass der Angreifer ein sehr gutes Antrittsvermögen besitzen muss, um aus der Ruhe bis in die Deckung des Verteidigers einzudringen. Außerdem besteht leicht die Gefahr, dass der Angreifer selbst »einschläft« und den Zeitpunkt für einen günstigen Angriff verpasst. Die bewegliche Methode (ein gutes Beispiel dafür ist die Kampfesweise von Toni Dietl, Vizewelt- und mehrfacher Europameister) hat den Vorteil, dass der Angreifer im Moment des wirklichen Angriffs den Schwung der steppenden Bewegung hat und sehr schnell vorgehen kann. Auch wird der Verteidiger in höchstem Maße verunsichert, welche der Bewegungen des Angriffs nun wirklich den eigentlichen Angriff darstellt.

Das ist für viele Kämpfer von großem Vorteil. Nicht vergessen darf man aber die erheblichen Nachteile dieser Methode, die darin liegen, dass die Präzision des Angriffs stark leidet. Normalerweise reagiert der Verteidiger auf die Steppbewegungen des Angreifers seinerseits mit gleichartigen Bewegungen. In diesem beiderseitigen »Hüpfen« noch genau den Punkt zu treffen, ist besonders schwer und gelingt nur wenigen zufriedenstellend. Häufig artet das Steppen in ein sinnloses Gehampel aus, das keinerlei Bewegungsvorteil für den Angreifer darstellt. Letztendlich müssen aber die Trainingsmethode und die persönliche Vorliebe für eine der beiden Bewegungsformen die Entscheidung herbeiführen.

Der zweite sehr wichtige Faktor für den Moment eines günstigen Angriffes ist das, was man mit »Gelegenheit« umschreibt. Nur wenn der Angreifer die »Gelegenheit« hat, ist sein Angriff erfolgreich. Ein anderer, aber nicht so umfassender Begriff ist »Timing«. Aber »Gelegenheit« ist mehr als das. Sie umfasst auch noch den geistigen Bereich von Bereitschaft, Erwartung, Spannung und Entspannung.

Geht man von der Situation aus, dass beide Gegner etwa gleichwertig sind, so wird es auch so sein, dass der Angriff des einen von einer gleichwertigen Abwehr des anderen neutralisiert wird. Nur durch einen Vorteil kann der Angreifer die Oberhand gewinnen. Dieser Vorteil ist die »Gelegenheit«. Er muss seinen Geist und den des anderen in Verbindung bringen. Er muss die Absichten erkennen lernen, er muss den Rhythmus, die Atmung, Spannung und Entspannung im Verhalten des anderen lesen lernen. Wenn ihm das gelingt, dann erkennt er auch die »Gelegenheit«.

Natürlich gelingt das nicht von heute auf morgen. Es bedarf Jahrzehnte, um darin Meisterschaft zu erlangen; man kann ruhig behaupten, dass den meisten dieses Gebiet überhaupt verschlossen bleibt. Das liegt aber nicht daran, dass es so sehr schwierig ist. Es liegt nur daran, dass sich so wenige Gedanken darüber machen, so wenige Lehrer ihre Schüler anhalten, auch diesen Aspekt des Kämpfens zu trainieren.

Aufbauend von den einfachsten Reaktionsübungen bis zum De-Ai oder Debana, d.h. dem Angriff des Gegners im Moment der Angriffsabsicht zuvorzukommen, ist es ein weiter Weg, der Schritt für Schritt begangen werden muss, und eben wirklich erst in Jahrzehnten nähert sich der Karateka der Meisterschaft.

Abwehr mit seitlichen Ausweichbewegungen

Greift man zur richtigen »Gelegenheit« an, so ist es, als komme man »in ein leeres Haus«. Der Verteidiger ist bereits im Moment des Angriffs überwunden und der Sieg im Moment der Aktion bereits sicher, vorausgesetzt natürlich, man beherrscht sein Handwerkszeug, die Karatetechnik.

In der Prüfungsform lässt nun der Angreifer seinen Angriff stehen, um dem Verteidiger Gelegenheit zu geben, seinen Gegenangriff zu platzieren. Später kann man auch erlauben, dass der Angreifer seinen Arm gleich wieder in Kamae zurückzieht.

Der Verteidiger erwartet nach der Ansage den Angriff. Er muss versuchen, aus verschiedenen Anzeichen abzulesen, wann und wie dieser erfolgt. Er legt sich gemäß seinem Können oder auch seiner Einschätzung des gegnerischen Könnens entsprechend ein Konzept für seine Verteidigung zurecht: Ausweichseite, Bewegung, Technik, Gegenangriff.

Verläuft alles wie geplant (d.h., wurde er nicht bereits getroffen), sollte er sich nach der Abwehr in einem stabilen Gleichgewicht befinden, um einen kontrollierten Gegenangriff ausführen zu können. Dieser wird im Jiyu-Ippon-Kumite sofort zurückgeschnappt. Dabei rutschen die beiden Gegner etwas auseinander, um Zanshin zu wahren. D.h., sie beobachten sich aufmerksam, um eine Chance zur Fortsetzung des Angriffs zu entdecken. Danach geht man zurück in die Ausgangsstellung Zenkutsu-Dachi und beginnt mit den Vorbereitungen zum nächsten Angriff.

Oben: Gyaku-Zuki-Gegenangriff
Unten: Zanshin-Phase

Abwehr von innen ...

ermöglicht einen Uraken als Gegenangriff.

WICHTIG

- *Vor* ***jedem*** *Angriff Stufe (und Technik) ansagen.*
- *Immer »richtig« angreifen. Das soll heißen, immer den Angriff bis in den Gegner führen.*
- *Erst Abwehr und Gleichgewicht kontrollieren, dann den Gegenangriff ausführen.*
- *Genaue Kontrolle beim Gegenangriff (kein bzw. kaum Kontakt).*
- *Beide Partner sehen sich immer in die Augen.*
- *Auf die »Gelegenheit« zum Angriff warten.*
- *Nach dem Gegenangriff Zanshin wahren.*
- *Als Verteidiger so variationsreich wie möglich trainieren und reagieren.*

Fehler

- Trainieren ohne inneren Kampfeswillen (ohne »Biss«).
- Technikversuche ohne ausreichende Grundschulübungen auf Kosten der Gesundheit des Partners.
- Falscher Abstand.
- Mangelnde »Gelegenheit«.
- Einseitige Abwehr-Gegenangriffsaktionen des Verteidigers.

Übungsformen zur Verbesserung des Jiyu-(Ippon-)Kumite

Übungsform 1 (Einfachste Form)

Diese Form ähnelt dem Kihon-Ippon-Kumite, nur dass aus der Kampfstellung heraus angegriffen und abgewehrt wird. Keine Vorbewegungen des Angreifers. Der Gegenangriff sollte stehen gelassen werden.
Zweck: Anpassung an die veränderte Körperhaltung beim Wechsel vom Kihon-Ippon-Kumite zum Jiyu-Ippon-Kumite. Kontrolle und Stabilisierung des Gegenangriffs.

Übungsform 2 (Fortlaufende Form)

Diese Form ähnelt dem Yonhon-Kumite.
Der Gegner greift fortlaufend an. Immer aus der Kampfstellung heraus, erstes Mal rechts, zweites Mal, mit einem ganzen Schritt vorwärts, links usw. Dabei ist es wichtig (vor allem im Unterschied zum Yonhon-Kumite), dass der Angreifer jedesmal erneut **einmal** angreift und nicht den Sinn in der Aneinanderreihung von Angriffen sieht. Wahlweise kann der Angreifer mehrmals die gleiche Technik (z. B. Jodan-Oi-Zuki) oder jedesmal eine andere Technik (Jodan-Oi-Zuki, Chudan-Oi-Zuki, Mae-Geri usw.) anwenden. Der Verteidiger muss darauf achten, dass er nach dem Gegenangriff sofort weiter zurückgehen kann. Er soll also möglichst geradlinig zurückweichen.
Zweck: Training beidseitiger Angriffe und Abwehr. Stereotypisierung des Übungsablaufes. Verringerung der »Bedenkzeit« des Verteidigers und dadurch Aufbau verbesserter Reflexhandlungen. Konditionelle Verbesserung.

Abb. 1: Angriff Mae-Geri
Abb. 2: Konter Mae-Geri

Übungsform 3 (Verdeckter Angriff)

Auf dem Weg zum freien Kampf werden die Hilfen, Erleichterungen immer mehr abgebaut. Eine Möglichkeit ist, nicht mehr »Jodan-Oi-Zuki« anzusagen, sondern nur noch »Tsuki« und dann wahlweise Jodan oder Chudan anzugreifen. Oder danach »Keri« anzusagen und wahlweise Mae-Geri, Mawashi-Geri oder Ushiro-Geri (o. a.) auszuführen.

Zweck: Üben des frühzeitigen Erkennens der Angriffstechnik des Gegners. Späte Festlegung des Verteidigers auf eine bestimmte Abwehr und Verbesserung der reflexhaften Abwehr.

Abb. 1: Angriff Mae-Geri
Abb. 2: Konter Uraken
Abb. 3: Angriff Mawashi-Geri
Abb. 4: Konter Gyaku-Zuki
Abb. 5: Angriff Mawashi-Geri
Abb. 6: Konter Mawashi-Geri

Übungsform 4 (Freier Angriff)

Eine Fortsetzung der Übung 3 ist die folgende Form: Es wird nur noch bestimmt, wer angreift, nicht mehr, womit angegriffen wird. Diese Übung kommt der Situation im freien Kampf sehr nah.
Zweck: Eine hervorragende Übung, um das Angriffskarate zu fördern. In Ruhe und Konzentration kann der Angriff vorbereitet werden. Es schult den Angreifer, »Gelegenheiten« herauszuarbeiten und zu erkennen.

Übungsform 5 (Festgelegte Gegenangriffe)

In dieser Variation soll der Verteidiger seine Gegenangriffe in festgelegter Form ausführen. Entweder z. B. nur Empitechniken oder nur Fußtechniken oder immer Kombinationen. Wichtig ist dabei, dem Verteidiger immer genügend Zeit zur Vorbereitung und Einübung dieser schwierigen Techniken zu geben. Verlangt man diese zu früh und zu schnell, so endet das zwangsläufig in einem Misserfolg, und der Betreffende lässt das Einstudieren schwieriger Bewegungsabläufe.
Zweck: Verbesserung bestimmter Gegenangriffe zur Erweiterung des Repertoires. Aneignung verschiedener Gegenangriffe für unterschiedliche Distanzen.

Übungsform 6 (Freie Kampfform)

Eine Unterform des Jiyu-Ippon-Kumite ist das Okuri-Ippon-Kumite und das Kaeshi-Ippon-Kumite, die aber in einem gesonderten Kapi-

Abb. 1: Angriff Ushiro-Geri
Abb. 2: Konter Ushiro-Mawashi-Geri

tel besprochen werden. Eine Variante dazu ist, dass der Angreifer nach seinem ersten, angesagten Angriff mit seinem Partner in den freien Kampf übergeht. Dabei sollen zwei Übungsideen verwirklicht werden: zum einen eine **begrenzte** Freikampf(Randori-)situation, bei der nur wenige Sekunden (10 bis 30) gekämpft werden soll, zum anderen das Erkennen, wie wichtig eine **erste** starke Technik für eine gute erfolgreiche Fortsetzung der Angriffsaktionen ist. Der Angreifer soll lernen, die Schwächung der Deckung des Verteidigers durch eine erste Abwehr zu erkennen und auszunützen.
Zweck: Begrenztes Üben des freien Kampfes. Schwächung der Deckung des Verteidigers und Ausnützen durch den nächsten Angriff. Aneinanderreihung kampfspezifischer Situationen.

Übungsform 7 (Wer greift zuerst an?)

Jetzt wird es spannend (und gefährlicher!). Beide Partner sollen nach dem Kommando die Möglichkeit haben, angreifen zu dürfen. Festgelegt sind Technik und Stufe. Wer sich zuerst ein Herz nimmt, greift an. Oder wer die bessere »Gelegenheit« zum Zeitpunkt des Kommandos hat. Natürlich kann man diese Übung erst mit Fortgeschrittenen, z.B. ab 2. Kyu aufwärts, trainieren. Die Gefahren, wenn beide blind vorstürmen, sind zu groß. Sind beide Kämpfer in der Lage, sich ausreichend zu kontrollieren, ist diese Übung hervorragend geeignet, Sinn für »Gelegenheiten« und Kampfgeist zu wecken. Eine Variation dazu ist, den Angriff nicht mehr festzulegen. Aber eben nur **ein** Angriff, kein freier Kampf.
Zweck: Entwicklung des Angriffsgeistes. Erkennen der Situation im letzten Moment.

Reflexhafte Änderung der ursprünglichen Absicht (falls der andere schneller war). Steigerung der Vorspannung (Erarbeiten der »Gelegenheit«) bis zu dem Moment des Kommandos, ohne dass die Spannungssteigerung nachlässt.

Übungsform 8 (Kizami-Zuki-Kumite)

Eine letzte Übung soll dem Training des Kizami-Zuki als Kurzdistanzangriff und dem Gedanken des Konterangriffs gewidmet sein. Nur ein Partner darf mit Kizami-Zuki angreifen. Der andere wehrt (falls es gelingt) diesen ab und startet seinerseits einen normalen, großen Angriff des Jiyu-Ippon-Kumite. Ziel ist für den einen, so lange zu warten, bis der Kizami-Zuki sicher angebracht werden kann; und der andere muss lernen, aus der Kontersituation heraus, also in einer Situation, in der er nicht selber den Zeitpunkt des Angriffs bestimmt hat, anzugreifen. Auch hier ist die Übung erst ab einem bestimmten, höheren Niveau sinnvoll. Ist das Wesen dieser Übung begriffen, kann man die Aufgabe dahin verändern, dass der Angreifer nicht festgelegt ist, sondern derjenige angreift, der meint, eine günstige »Gelegenheit« für Kizami-Zuki zu haben. Eine weitere Variante ist die Aufgabenstellung, den Kizami-Zuki nicht abzuwehren, sondern nur auszuweichen und daraus zu kontern.

Zweck: Schulung des Distanzgefühls. Training des Erkennens von »Gelegenheiten«. Trainieren der Abwehr-Angriff-Situation (Rück-Vorbewegung) mit großer Bewegung. Spezielles Kampftraining gegen Kizami-Zuki-Gegner.

Okuri-Ippon-Kumite

»Okuri« heißt im Japanischen so viel wie »hinterherschicken«; dem ersten Angriff einen weiteren hinterherschicken. Wie im vorherigen Kapitel bemerkt, ist das Okuri-Ippon-Kumite eine Sonderform des Jiyu-Ippon-Kumite. Es sollte erst dann begonnen werden, wenn die grundsätzlichen Voraussetzungen des Jiyu-Ippon-Kumite beherrscht werden.

Ziele

- Verbesserung der Körperkontrolle auch nach dem Angriff.
- Erlernen des Weiterdenkens über die erste Technik hinaus.
- Stabilisierung des Angriffs als Basis für weitere Aktionen.

Ausführung

Die Ausgangsstellung ist die gleiche wie beim Jiyu-Ippon-Kumite. In der einfachsten Form werden beide Angriffe vorher angesagt; z.B. also: »Jodan-Oi-Zuki-Chudan-Oi-Zuki«. Anschließend greift man mit Jodan-Oi-Zuki an, der Verteidiger wehrt ab, macht **keinen** Gegenangriff, und der Angreifer setzt sofort nach der Abwehr seinen Angriff mit der zweiten Technik fort.

Die Besonderheit ist, dass der Angreifer je nach Ausweichrichtung des Verteidigers völlig verschiedene Folgetechniken anwenden muss. Darin liegt die Schwierigkeit, aber auch der besondere Reiz dieser Kumite-Form.

In den ersten Übungen legt man alles, d.h. Angriff, Ausweichrichtung, Abwehr und Folgetechnik fest. Mit zunehmender Gewöhnung

Abb. 1: Kampfstellung

Abb. 2: Erster Angriff (Okuri-Ippon-Kumite)

Abb. 3: Zweiter Angriff

Abb. 4: Gegenangriff

Abb. 5: Zanshin

an dieses Training gibt man immer weniger Vorgaben bis zu der letzten Form, in der nur noch festgelegt ist, wer angreift. Alles andere ergibt sich unmittelbar aus der Situation. Es ergibt sich aus der Übung selbst, dass von beiden Partnern ein Mindestmaß an Einsicht in das Mögliche vorausgesetzt werden muss, um Verletzungen zu vermeiden. Man sollte dieses Kumite daher nicht vor dem 3. Kyu trainieren.
Als Übungen bieten sich Hand-Fuß-Kombinationen oder Jodan-Chudan-Techniken an. Bei beiden Möglichkeiten geht es vor allem darum, die Lücken, die durch die notwendige Verteidigung entstanden sind, aufzudecken bzw. anzugreifen.
Nachfolgend werden besonders typische Kombinationen gezeigt. Der Übende sollte diese Kumite-Form so lange trainieren, bis er ein sicheres Gespür für Richtung, Abstand und die jeweils dazu passende Technik hat.

Fehler

- Unsaubere Techniken, unkontrollierte Bewegungen und dadurch Gefährdung des Partners.
- Große Fußangriffe bei zu kleiner Distanz.
- Bei Fortgeschrittenen zu später zweiter Angriff (dadurch zwei Einzelangriffe).
- Verteidiger geht nur geradlinig zurück.

WICHTIG

➤ *Erst die Vorform Jiyu-Ippon-Kumite beherrschen.*
➤ *In genau vorgeschriebenen Bewegungsabläufen das Prinzip dieses Kumite begreifen, bevor man frei experimentiert.*

Kaeshi-Ippon-Kumite

»Kaeshi« heißt im Japanischen »Hin und Her« und basiert auf dem Gedanken des Konterangriffs. Auch diese Form ist eine Weiterentwicklung des Jiyu-Ippon-Kumite und schließt sich daher in der Methodik an das Erlernen des Jiyu-Ippon-Kumite an.

Ziele

- Beweglichkeit und Startvermögen sowohl in der Vor- als auch Rückbewegung.
- Verstärkung des Ippon-Angriffs als Schutz vor dem Gegenangriff.
- Erkennen der »Gelegenheit« und Angriff aus verschiedenen Ausgangslagen.

Ausführung

Aus der normalen Jiyu-Ippon-Kumite-Stellung wird ein Angriff geführt. Der Verteidiger wehrt ab und führt nun, statt des Gegenangriffes im Stand, seinerseits einen ganzen Schrittangriff aus.
Der erste Angreifer wird zum Verteidiger, wehrt ab und macht einen Gegenangriff.
Diese Übung bekommt erst durch zwei Schwerpunkte ihren besonderen Sinn. Der eine ist die Notwendigkeit, stark anzugreifen, um dem Verteidiger dessen Angriff zu erschweren. Je weniger der erste Angreifer dem Verteidiger zusetzt, desto leichter, eher und gefährlicher kann dieser zu seinem Angriff starten. Das Erkennen, dass der starke Angriff der beste Schutz vor einem Konterangriff ist, ist ein wichtiges Übungsziel.
Der zweite ist das Erarbeiten, Erkennen und Ergreifen der »Gelegenheit«. Bereits in der Ausweichbewegung soll der Verteidiger versuchen, sich günstig zum Angreifer zu

1

2

Kaeshi-Ippon-Kumite zum 5. Kyu (DKV)
Abb. 1: Kampfstellung
Abb. 2: Erster Angriff vom rechten Partner
Abb. 3: Zweiter Angriff vom linken Partner
Abb. 4: Gegenangriff

3

4

platzieren, um für die nächste Aktion beste Voraussetzungen zu haben. Ist der Angriff ausgeführt, muss er erkennen, ob die gewünschte Situation oder eine Veränderung eingetreten ist. Als Drittes muss er die gegebene »Gelegenheit« ergreifen und passend zu Abstand und Richtung angreifen können; eine durchaus typische Situation aus dem freien Kampf heraus. Dies soll an einigen Beispielen verdeutlicht werden.

WICHTIG

- *Der erste Angriff soll unbedingt ein starker Angriff sein.*
- *Der Verteidiger soll vor seinem Gegenangriff etwa 1–2 Sekunden warten, damit er mit gutem Gleichgewicht und guter Gelegenheit angreifen kann.*

Abb. 1–3: Kaeshi-Ippon-Kumite zum 4. Kyu (DKV)

Jiyu-Kumite

In den Anfängen des modernen Karate, so wie wir es heute kennen, standen das Training von endlosen Grundschulübungen und das unermüdliche Üben der Kata im Vordergrund. Es gab weder den freien Kampf noch viel weniger ein Turnier im Stile des Jiyu-Kumite. Erst in den späten zwanziger Jahren des vorigen Jahrhunderts, als Karate nicht mehr in kleinen, privaten und verschwiegenen Gruppen trainiert wurde, entwickelte sich eine Trainingsform, ähnlich dem Randori beim Judo. Man nannte sie »Freien Kampf« oder japanisch »Jiyu-Kumite«. 1936 wurde anlässlich einer Studentenmeisterschaft

Gyaku-Zuki-De-Ai

das erste Mal die Turnierform des freien Kampfes gezeigt.
Bedenkt man den langen Weg, den Karate durch die Geschichte gegangen ist, oder auch die mehr als dreißig Jahre, die man Karate trainierte, ohne einen Wettkampf im freien Kampf zu kennen, so kann man ermessen, welch einen geringen Teil der Karateausbildung das Jiyu-Kumite umfassen sollte. Man kann ein hervorragender Karateka werden, ohne jemals frei gekämpft zu haben. Aber niemand kann Karate-Do **nur** durch freies Kämpfen erlernen!

Ziele

- Üben all des bisher Gelernten in der praktischen Anwendung.
- Überprüfen der Bewegungsabläufe in der »Realität«.
- Freude an freien Bewegungen innerhalb der Ziele des Karate.
- Schulung der Ernsthaftigkeit der Absicht (Angriff wie Verteidigung).
- Verstärkung der Trainingsmotivation durch positive Erfolgserlebnisse (oder das Erkennen zu behebender Schwächen).

Als ich daran ging, dieses Buch zu schreiben, stand ich vor der Überlegung, die folgenden, sehr wichtigen Übungsziele oder Trainingsschwerpunkte an den Anfang des Buches oder an den Beginn dieses Kapitels zu stellen. Ich habe mich entschlossen, sie erst jetzt darzustellen, da ich der Meinung bin, dass der Leser erst jetzt die Wichtigkeit dieser Punkte erkennt und diese berücksichtigen kann. Sie sind die Essenz des Kämpfens. Ohne sie ist Kämpfen wie Fußballspielen oder Breakdance.

Stellung (Kamae)

Es gibt nicht nur eine Stellung. Jeder Kampfstil bedarf einer anderen Position, jede Absicht des Kämpfers einer anderen Haltung. Aber es gibt natürlich bessere und schlechtere Ausgangsstellungen, um für möglichst viele Situationen gewappnet zu sein. Die hier beschriebene Stellung ist die gebräuchlichste. Um das Kämpfen zu lernen, sollte man mit dieser Form beginnen. Veränderungen, Vorlieben oder für eine bestimmte Situation vorgesehene Besonderheiten entwickeln sich später.

Grundstellung

In der Regel steht der linke Fuß vorne. Der Körper befindet sich in einer Position zwischen Zenkutsu- und Kokutsu-Dachi. Dadurch kann man sowohl angreifen als auch abwehren. Die Hüfte ist dabei 45° abgedreht (Hanmi). Die linke Hand ruht so vor dem Körper, dass sie jederzeit Kizami-Zuki stoßen könnte, d.h., sie zeigt schräg aufwärts zum Kinn des Gegners.
Die rechte Hand liegt so neben dem Bauch, dass jederzeit Gyaku-Zuki möglich ist. Gleichzeitig wird aber auch der Bauch gegen Treffer geschützt. Beide Ellbogen liegen eng am Körper und schützen so die häufigsten Trefferzonen. Die Schultern fallen locker nach unten, und der Kopf wird aufrecht gehalten. Der Schwerpunkt ist leicht gesenkt, das Becken etwas nach vorn oben gekippt. Die Knie sind leicht nach innen geneigt, um den Unterleib zu schützen und besser Ashi-Barai zu vermeiden. Die Füße sind leicht nach innen gedreht. Das Gewicht ruht gleich-

Grundstellung

mäßig auf beiden Füßen, wobei die Ferse weniger belastet wird als der Ballen. Man soll das Gefühl haben, dass zwischen Ferse und Boden noch ein Stück Papier passt. Dies ist die Standard-Grundstellung.
Alle Abweichungen davon sollten einen sinnvollen Grund haben: bestimmte taktische Vorhaben oder körperliche Besonderheiten oder Spezialtechniken. Häufig gelingt es bereits, erfolgreicher zu kämpfen, wenn nur die Stellung verbessert wird.

Abstand (Maai)

Wie schon in vorhergehenden Kapiteln immer wieder betont, ist der Abstand die Maai (ausgesprochen: Mawai), das Allerwichtigste für Erfolg oder Misserfolg im Kampf. Der Unterschied zwischen einem zu großen Abstand (Folge: Die Technik geht ins Leere) und einem zu engen Abstand (Folge: Der Angriff kann nicht entwickelt werden, man läuft auf) beträgt manchmal nur 10 bis 15 Zentimeter.
Über die Bedeutung der »Gelegenheit« ist schon gesprochen worden und wird im Anschluss hieran noch einmal gesprochen.
Ohne richtigen Abstand gibt es keine »Gelegenheit«. Steht der Verteidiger im falschen Abstand (zu nah), ist er verloren. Geht er zu weit weg, gerät er außerhalb der Kampffläche und verliert.
So kommt der Entwicklung des richtigen Abstandes größte Bedeutung zu. Im richtigen Abstand kann man jederzeit seinen Gegner angreifen und jederzeit einem Angriff seines Kontrahenten ausweichen. Das führt bei gleichwertigen Gegnern dazu, dass keiner ohne weiteres angreifen kann.
So ist ein wichtiger Teil der Vorbereitung eines Punktes (Sieges) das Eindringen in die Maai des Gegners.

Blickkontakt (Metsuke)

Miyamoto Musashi unterscheidet zwischen zwei Formen des Blicks: dem »durchdringenden« und dem »wahrnehmenden« Blick.
Der wahrnehmende Blick ist das, was wir alle unter »Sehen« verstehen. Man sieht, was auf einen wirklich zukommt.

Der »durchdringende« Blick sieht bis in den Geist des Gegners. Er sieht die Absicht und erkennt die Lage. Er ist nicht durch unwichtige Äußerlichkeiten ablenkbar. Ein hoher Anspruch. Aber es lohnt sich, dafür zu trainieren.
Der richtige Blickkontakt ist in die Augen des Gegners gerichtet. Ohne diesen zu verlieren, sieht man trotzdem alles, vom Scheitel bis zur Sohle. Eine leichte Übung; dies zu trainieren, ist in der nebenstehenden Abbildung gezeigt. In der Zen-Meditation lernt man konzentriert an nichts zu denken. Der Geist ist offen, weil er mit nichts beschäftigt ist. Genauso sollen Blick und geistige Haltung im Karate sein.

Blickkontakt

Ohne die Augen auf den Fuß zu richten, erkennt man am Rande des Blickfeldes, ob der Fuß des Partners gehoben ist oder nicht.

Konzentriert man sich auf eines, z.B. die Arme oder die Beine, so verliert man die Fähigkeit, das andere zu sehen. Klammert man sich an technische oder taktische Probleme, ist der Geist und natürlich damit auch der Körper nicht mehr in der Lage, auf alle Initiativen des Gegners zu reagieren.

»Gelegenheit« (Kikai)

So wie sich beim Rad alles um die Nabe dreht, dreht sich im Kumite alles um die »Gelegenheit«.
Wie jede Bewegung in sich zusammenfällt ohne Knochen und Muskeln, wird jede Karatetechnik sinnlos ohne die entsprechende »Gelegenheit«.
Oft ist eine Technik im Kampf brillant, und dennoch muss ihr der Erfolg verwehrt werden, weil sie zu unpassender »Gelegenheit« kam. Die »Gelegenheit« umfasst sowohl körperliche als auch geistige Aspekte.
Zu den körperlichen Aspekten gehören Distanz, Blick, Balance (körperliches Gleichgewicht), Bewegungsrhythmus, Atmung und nicht zuletzt natürlich die Karatetechnik.
Geistige Elemente des Kikai sind die innere Erwartungshaltung, die eigene Absicht, der geistige Rhythmus, Kampfgeist und Zanshin (Erhaltung des Kikai).

Körperliche Aspekte der »Gelegenheit«

Distanz (Maai)

Ich kann die »Gelegenheit« nur ergreifen, wenn ich in dem Moment in der richtigen Distanz bin. Oder anders gesagt: Die »Gelegenheit« ist wie ein Sicherheitsschloss. Erst wenn **alle** Zapfen einrasten, öffnet es sich. Erst wenn die Distanz stimmt, kommen alle anderen Elemente der »Gelegenheit« zum Zuge.

Blick (Metsuke)

Um die »Gelegenheit« zu erkennen, muss ich den richtigen, »wahrnehmenden« Blick haben. Um erkennen zu können, dass die körperlichen Aspekte der »Gelegenheit« erfüllt sind, muss ich einen umfassenden Blick haben.

Balance (Ku)

Nur wenn ich zu jeder Zeit in einem ausbalancierten Stand oder einer ausgewogenen Bewegung bin, kann ich sofort auf Aktionen meines Gegners reagieren und die »Gelegenheit« ergreifen. Dabei spielt der Stand die wesentliche Rolle. Umgekehrt versucht der Gegner, durch vorbereitende Aktionen das Gleichgewicht zu stören (Ashi-Barai, Finten usw.), um dadurch seinerseits eine »Gelegenheit« zu erhalten.
Besonders wichtig wird die Balance bei Konterangriffen, bei denen die Aktion vom Gegner ausgeht (Gonosen).

Rhythmus (Hyoshi)

Man sagt, alles Leben hat Rhythmus. Statt Rhythmus kann man auch sagen »Muster«. Diesen Rhythmus, dieses Muster zu erkennen und umgekehrt dem Gegner zu verbergen, ist ein wichtiger Teil der »Gelegenheit«. Ein anderes Wort dafür ist Timing. Soll eine Aktion auf den Gegner abgestimmt sein, muss das Timing stimmen, muss sie zum Rhythmus des anderen (und natürlich auch zum eigenen Rhythmus) passen.

Die angestrebte »leere« Erwartungshaltung des Karateka hat **keinen** Rhythmus. Daher ist es auch so wichtig, sie anzustreben.
Der einzige Rhythmus ist dann noch der des Pulsschlags und der Atmung. Und auch das genügt schon großen Meistern, um die Lücke, die »Gelegenheit« zu finden.
Erst wenn ich selber einen Rhythmus habe, kann ich den anderer erkennen, durchbrechen oder manipulieren. Dies beginnt bereits mit den ersten rhythmischen Übungen des Gohon-Kumite.

Atmung (Kokyu)

Wenn man die Atmung als Bestandteil der »Gelegenheit« betrachtet, so geht es nicht um den technischen Aspekt, z.B. bei jeder Technik auszuatmen, oder um Konditionsprobleme. Es geht einmal um die Signale, die die Atmung dem Beobachter gibt, und zum anderen darum, diese Signale dem Gegner zu verbergen.
Wie schon beim Rhythmus gesagt wurde, ist die Atmung ein Teil davon. Bei genauer Beobachtung des Gegners wird man immer feststellen, dass dieser in der Absicht anzugreifen einatmet, um dann mit der Ausführung der Technik auszuatmen. Diese an sich richtige Atmung signalisiert dem Verteidiger sehr früh die Angriffsabsicht des Gegenübers. Andererseits wird der erfahrene Kämpfer versuchen, die Atmung zu verbergen. Er wird sich bemühen, flach zu atmen, so dass man seinen Atemrhythmus nicht erkennen kann. Oder, wenn er seine Atmung meisterhaft beherrscht, wird es ihm gelingen, **ausatmend** anzugreifen, dabei so viel Restluft in den Lungen zu belassen, dass er mit dem Ende des Atemzuges seinen Angriff abschließt.

Die Atmung ist der See, in dem sich unser Geist spiegelt. Ist er aufgewühlt, die Atmung unruhig, ist auch unser Geist unruhig und schwach. Gelingt es, den Atem zu beruhigen, wird unser Geist ruhig, und alles gelingt leicht.

Technik (Waza)

Eigentlich überflüssig zu sagen, dennoch der Vollständigkeit halber erwähnt: Wenn ich letztendlich gar nicht das Handwerkszeug – meine Karatetechnik – beherrsche, ist all das Schöne, zuvor Gesagte hinfällig. Leider mangelt es vielen Wettkämpfern aber gerade an diesem Teil.
Die Technik ist der Holzklotz, aus dem die Figur geschnitzt wird. Ohne Holz gibt es keine Figur. Das Training ist das Messer, mit dem der Klotz bearbeitet wird; Stück für Stück, vom Groben zum Feinen. Auch das gelungene Kunstwerk entstand aus einem groben Klotz und existiert nicht ohne ihn, auch wenn man das hinterher nicht mehr so einfach erkennt. Später, in den taktischen Ratschlägen, werden viele, in der Praxis angewandte Ideen vermittelt. Sie sind aber nur erfolgreich, wenn der Kämpfer auch die technischen Möglichkeiten hat, sie anzuwenden.

Geistige Elemente der »Gelegenheit«

Innere Erwartungshaltung

Die Erwartungshaltung ist so viel wie die Überschrift über die Kampfeinstellung. Bin ich aggressiv oder defensiv, aktiv oder passiv, agierend oder reagierend, gerichtet (auf ein Ziel konzentriert) oder ungerichtet (»leer«)? Ich kann die »Gelegenheit« nur ergreifen, wenn meine Einstellung zu der auftretenden Situation passt. Greift mich mein Gegner an, ist es ein Fehler, aggressiv agierend zu sein. Verhält er sich abwartend und ich bleibe ebenfalls passiv, geschieht gar nichts. So muss die innere Einstellung zur Kampfsituation passen, um eine »Gelegenheit« ergreifen zu können.

Oder wie schon beim Rhythmus gesagt: Die leere, ungerichtete Haltung ist die ideale Einstellung. Nur sie ist in der Lage, unmittelbar auf alle, durch den Gegner vorgegebenen Situationen zu reagieren.

Absicht (Taktik)

Natürlich ist die Absicht Teil der Erwartungshaltung. Und eigentlich ist die Absichtslosigkeit, wie schon gesagt, die ideale Haltung. Aber solange wir noch nicht ganz ideal sind, sollen uns Absichten zugestanden sein.

Ein anderes Wort für Absicht ist Taktik oder Strategie.

Was habe ich mit meinem Gegner vor? Wie will ich versuchen, ihn zu besiegen? Welche Schwächen von ihm oder Stärken von mir will ich ausnützen? Welche Schwächen von mir eventuell vermeiden?

All diese Fragen sollen mit der Absicht zu meinem Vorteil beantwortet werden.

Es sollen hier nur zwei Arten der Absicht genannt werden: Sen-no-sen und Go-no-sen. Sennosen heißt, die Initiative im Angriff übernehmen. Es heißt nicht, einfach auf den Gegner losstürmen. Es bedeutet nur, dass man, wenn sich die Gelegenheit bietet, angreift.

Gonosen bedeutet, dass man, selbst wenn sich die Gelegenheit bietet, nicht angreift. Man überlässt dem Gegner die Initiative, weil man seine Schwäche im Angriff ausnützen will.

Zwischen diesen Extremformen gibt es natürlich noch eine Reihe Zwischenstufen, die aber hier nicht aufgezählt werden sollen. Wichtig ist, dass die Absicht zu der »Gelegenheit« passt, um diese ergreifen zu können.

Geistiger Rhythmus

Ist der Geist im Budosinne »leer«, ist auch kein Rhythmus vorhanden. Da außer Buddha und Musashi kaum einer dies für sich in Anspruch nehmen kann, haben wir alle noch einen geistigen Rhythmus. Unsere Ängste und Hoffnungen, Spannungen und Entspannungen, Aggressionen und Schutzhaltungen, all dies führt zu einem beständigen Rhythmus in uns. Diesen Rhythmus zu steuern, zu beherrschen und beim Gegner zu erkennen, ist ein wichtiger Teil der Ausbildung und der »Gelegenheit«.

Um selber stark und mit der Technik erfolgreich zu sein, muss man eine Schwäche im Rhythmus des Gegners finden. Nakayama spricht von Waza-O-Hodokoso-Koki (der richtige psychologische Moment, eine Technik auszuführen). Immer, wenn der Rhythmus des Gegners wechselt, entsteht eine Lücke, ein Schwachpunkt. Diesen zu erkennen und ausnützen zu können, ist Ziel des Rhythmustrainings. Wechsel im Rhythmus oder Öffnungen im Geist des Gegners sind Momente, in denen sich die Gelegenheit ergibt, selbst anzugreifen; z.B., wenn

- der Gegner glaubt, eine Schwäche erkannt zu haben, und er die Absicht zeigt, anzugreifen;
- der Angriff geblockt wurde, der Gegner aber noch geistig mit diesem beschäftigt ist;

- der Gegner in Entschlusslosigkeit verharrt, d.h., sein Geist unbeweglich geworden ist.

Dieses Wechselspiel von »Gelegenheiten« zu erkennen, zu ergreifen oder zu vereiteln ist der geistige Rhythmus beim Kämpfen. Es ist Filigranarbeit, die, wenn sie erfolgreich ist, mit Ippon oder dem Gefühl, gewonnen zu haben, belohnt wird.

Kampfgeist

Ein Bild wird erst durch gute Beleuchtung schön. Technik, Kampfübungen werden erst durch das Feuer eines kämpferischen Geistes überzeugend.
Wenn der Kämpfer nicht an die Wirksamkeit seiner Technik glaubt, fehlt ihm auch die innere Kraft (Ki), den Gegner zu überwinden. Aus der Schwertkunst gibt es den Begriff: Ikken Hissatsu (mit einem Schlag töten). Auch wenn der eigentliche Sinn des Karate nicht im Töten zu finden ist, so muss dennoch diese absolute Bereitschaft, sich bis zu diesem letzten Punkt einzusetzen, Teil der gelungenen Karatetechnik sein. Halbherzige Attacken sind kein Karate (und sollten auch nicht von Kampfrichtern belohnt werden).
Ist der Gegner technisch besiegt, aber sein Kampfgeist ungebrochen, so ist es ihm immer noch möglich, letztendlich den Sieg für sich zu erringen. Vielleicht versteht man das nicht, wenn man Karate nur noch als sportlichen Wettkampf sieht. Es gibt keinen großen Karatelehrer, der nicht das Sport-Karate als nur einen kleinen Teilaspekt des Karate sieht.
Ausdruck und Abbild des Kampfgeistes ist der Kiai. Der Kiai soll laut und stark sein, aber er kann nicht in Phonzahlen gemessen werden. Er ist Ausdruck des gesamten Einsatzes und der Willenskraft des Ausführenden. Normalerweise kennen und üben wir im Karate nur den einen Kiai, mit der Ausführung der Technik. Aber es gibt drei Formen des Kiai:
Mit dem ersten Kiai wird der Kampf eröffnet. Er ist Absichtserklärung und Einschüchterung des Gegners zugleich. Der zweite erfolgt mit der Ausführung der Technik. Er dient der Koordinierung von Geist und Körper, er bricht den Widerstand des Gegners, er vereint alle Energie des Angreifers auf einen Punkt (Kime). Im Karate geht der zweite Kiai nahtlos in den dritten über. Es ist die Bestätigung des Erfolges. Während der zweite Kiai auch leiser erfolgen kann, ist der dritte wieder laut und stark.
In vielen Kämpfen hört man heute gar keinen Kiai mehr oder nur lautes Geschrei. Dies zeugt von der mangelhaften Einstellung zum Kampf, der geringen Ernsthaftigkeit der Aktionen und beweist den fehlenden Kampfgeist. Wer einmal den Genuss hatte, Spitzenkämpfer – vor allem Japaner – kämpfen zu sehen beziehungsweise zu hören, versteht, was ich meine. Der fühlte auch die Kraft und Begeisterung, die in diesem Kiai und dem damit verbundenen Kampfgeist zu spüren war.

Zanshin

Im Kommentar zu den internationalen Kampfregeln des Karate heißt es, dass »Zanshin das bei der Bewertung am meisten vernachlässigte Kriterium ist. Eine Wertung soll bei fehlendem Zanshin nicht ausgesprochen werden!« So viel Bedeutung wird dem richtigen Zanshin beigemessen.

Was ist Zanshin?

Im Bogenschießen (Kyudo) versteht man unter Zanshin »das Zurückkommen von Vorstellungen und Gedanken nach dem höchsten Punkt der Konzentration«. Oder aber mit anderen Worten:

Nach dem Ende der unter höchster Konzentration auf das gewünschte Ziel gerichteten Bewegung kehrt der Geist wieder in den Zustand der aufnahmebereiten »Leere« zurück.

In den anderen Budosportarten versteht man unter Zanshin die aufmerksame Bereitschaft, den Kampf über die erfolgreiche Technik hinaus fortzusetzen.

Um erfolgreich angreifen zu können, muss man den Gegner »im Griff haben«. Wenn man Zanshin praktiziert, lässt man den Gegner nicht aus diesem Griff, auch wenn man glaubt, gewonnen zu haben.

Zanshin ist der Korken, der das »Gefäß der Gelegenheit« abschließt. Erst wenn alle vorgenannten Bedingungen erfüllt werden, ist die »Gelegenheit« gegeben, der Kämpfer erfolgreich. Fehlt der Abschluss, verflüchtigen sich die Chancen wie Nebel aus einer Schale, und zurück bleibt nur Stückwerk.

Man verzeihe mir die blumige Sprache, aber wer alles bisher Gesagte verstanden hat, versteht auch ganz natürlich, was Zanshin ist. Wer aber versucht, über das Aneignen von Zanshin allein die anderen Merkmale zu erreichen, der verstopft ein leeres Gefäß.

Rein körperlich muss Zanshin mit einem gewissen Sicherheitsabstand und einer reaktionsbereiten Haltung (Kamae) verbunden sein. Der Kreis hat sich geschlossen. Erneut beginnt man mit den Vorbereitungen wie zu Beginn. Will man all das zuvor Gesagte richtig machen, so übt man wohl ein Leben lang.

Und genau das tun alle »großen Meister« oder eben die, die ihr Leben oder wenigstens einen Teil davon dem Karate verschrieben haben. Aber vor die Meisterschaft haben die Götter (oder Lehrer) den Schweiß ge-

setzt. Und deshalb soll im Folgenden mehr die Praxis dargestellt werden.
Auf den nächsten Seiten folgen verschiedene Beispiele für gute Kampftechniken, Kombinationen und spezielle Kampfsituationen, die dem Übenden helfen sollen, ein Gefühl für realistisches Kämpfen und für taktisches Verhalten zu entwickeln; kurz: die Anwendung der guten Grundschultechniken in der Praxis des freien Kampfes.

Spezielle Kampftechniken

Kizami-Zuki

Der Kizami-Zuki ist wie eine Dolchspitze, sehr scharf und dem Gegner am nächsten. Voraussetzung, ihn anwenden zu können, ist ein sehr gutes Auge für die »Gelegenheit« und ein starkes hinteres Bein. Einer der erfolgreichsten Wettkämpfer mit dieser Technik ist Toni Dietl, Vizeweltmeister und Einzeleuropameister.

Das Training sollte sich auf die Verbesserung der Beinarbeit und das reflexhafte Erkennen der richtigen Gelegenheit spezialisieren. Dabei ist es wichtig, vor Ausführung der Technik das Gewicht auf dem hinteren Bein zu haben. Erstens kann man sich dann wesentlich stärker nach vorne katapultieren, und zweitens ist man vor Angriffen des Geg-

Kizami-Zuki mit gleichzeitiger Abwehr

ners sicherer. Da die Technik meist in einem sehr engen Abstand zum Gegner gestartet wird, kommt der Deckungsarbeit der hinteren Hand ein besonderes Gewicht zu.
Um die kritische Distanz zu überbrücken, kann man sich vorsichtig in den Bereich des Gegners vortasten, oder man lässt diesen selber in diesen Bereich kommen, oder man verdeckt das Bemühen, in eine kurze Distanz zu kommen, durch steppende Bewegungen. Für jede Möglichkeit gibt es exzellente Beispiele unter den Wettkämpfern, so dass es schwer fällt, einer Technik den Vorzug zu geben. Es ist mehr eine Frage des persönlichen Stils, wie man die richtige Distanz erreicht. Außerdem müssen die Fitness, das Antrittsvermögen und die Reaktionsgeschwindigkeit dazu passen. Der Kizami-Zuki sollte nicht stehen gelassen werden, da die Verletzungsgefahr dann zu groß ist. Eine kaum sichtbare Arretierung mit kraftvollem Zurückschnappen ist die beste Lösung. Manchmal wird der Kizami-Zuki auch von der Seite her angesetzt. Dabei ist es wichtig, dass sich der Körper in seiner Endphase auch in die Richtung zum Gegner bewegt, da die Technik sonst zu schwach wird. Die ideale Situation, um Kizami-Zuki anzusetzen, ist die **De-Ai**-Situation, d.h. genau in dem Moment, in dem der Gegner selber angreift. Dann addieren sich die beiden Kräfte zu

Kizami-Zuki (De-Ai)

höchster Wirkung. Dies ist aber (und sollte auch) nur den erfahrensten Kämpfern vorbehalten (sein).

Vorteile

- Sehr schnell und überraschend.
- Wenig eigene Körperarbeit (damit weniger Fehlermöglichkeiten).
- Aus jeder Körperlage anbringbar.
- Kommt dem rationellen Kämpfen erfahrener Karateka entgegen.
- Setzt mehr Erfahrung als Körperkräfte voraus (vor allem im De-Ai).

Nachteile

- Die Distanz ist vor dem Angriff sehr klein.
- Verletzungsgefahr für den Gegner, da die Aktionsgeschwindigkeit sehr hoch ist.
- Erhöhte Verletzungsgefahr des Angreifers, auch nach Abschluss der Aktion.
- Relativ leicht abzuwehren.
- Durch verstärkte Konzentration des Angreifers auf den Jodan-Bereich Deckungsprobleme im Chudan-Bereich.

Übungshinweise

- Sehr viel Partnerübungen machen, um das Distanzgefühl zu schulen.
- An »Pratzen« (Schutzhandschuhen mit Treffflächen) die Arretierung üben.
- Beweglichkeitstraining, um aus jeder Lage heraus punkten zu können.
- Viel Kombinationstraining mit einer zweiten Technik.
- Auf sehr geradliniges Stoßen achten.
- Auf das gleichzeitige Zurückziehen der hinteren Hand (Hikite) achten.
- Intensives De-Ai-Training (gegen Gyaku-Zuki, gegen Kizami-Zuki).

Bei zu kurzer Distanz für einen ganzen Schritt zieht man das vordere Bein gleichzeitig mit dem Angriffsbeginn zurück. Der Oi-Zuki wird ausgelöst, sobald die Distanz stimmt (Abb. 1–3).

Verteidigungsmöglichkeiten

- Abstand variabel halten, d.h. im richtigen Augenblick vor- oder zurückgehen, um dem Angreifer das Distanznehmen zu erschweren.
- Gute Deckungsarbeit mit der vorderen Hand (Hand im Kamae höher halten).
- Mit Ashi-Barai (vorderes Bein) den Angreifer stören.
- Ushiro-Geri angreifen, da der Oberkörper dann aus der Treffzone kommt.

Oi-Zuki

Oi-Zuki ist vielleicht die am meisten geübte Technik und eine Art Symbol für das Shotokan-Karate. Alle Elemente, die eine absolute Technik enthalten sollen, sind hier vereint: Gesamtkörpereinsatz, Streckung des hinteren Beines, tiefer Stand und lange kraftvolle

Armtechnik. Nicht umsonst sind die meisten Kiai in den Kata bei einem Oi-Zuki!
Es gibt heute nur noch wenige Wettkämpfer, denen es gelingt, mit dieser großen Technik Punkte zu erzielen.

Gyaku-Zuki

Eigentlich ist Gyaku-Zuki eine Verteidigertechnik. Nach dem Wahlspruch des Karate »Karate ni sente nashi« (es gibt keinen ersten Angriff im Karate) ist sie auch die erfolgreichste Wettkampftechnik. Heute wird sie jedoch meist als Angriff eingesetzt.
Der große Vorteil des Gyaku-Zuki und die Erklärung für seinen Erfolg liegt darin, dass man im Schutze seiner Deckung (Kamae) dicht an den Gegner herankommt, um dann mit der ganzen Wucht des hinteren Beines, verbunden mit der explosiven Drehung der Hüfte, einzutauchen.
Eine weitere Erklärung sind die zahllosen Kombinationsmöglichkeiten, mit denen diese Technik angewandt werden kann. Egal ob als erste, zweite oder dritte Technik. Im Moment der Ausführung stehen dem Angreifer noch so viele Variationsmöglichkeiten zur Verfügung, dass es dem Verteidiger schwer fällt, die richtige Abwehr zu finden.
Und drittens: Anders als bei anderen Techniken, bei denen die besonders starke Ausführung leicht zu einem Mangel an Gleichgewicht führt, verstärkt der Gyaku-Zuki durch die Verdrehung die Stabilität. Wer will da noch widerstehen?
Die an sich doch recht kurze Angriffsdistanz dehnt sich scheinbar endlos.
Und warum machen dann nicht alle nur noch Gyaku-Zuki? Weil jeder einigermaßen gleich starke Gegner diesen vermeiden kann, wenn er weiß, dass er kommt. Also muss man variieren, täuschen, anders versuchen, zu einem Punkt zu kommen, bis die »Gelegenheit« gekommen ist. Das ist Karate.
Auch die erfolgreichste Technik ist wertlos, wenn sie zu unpassender »Gelegenheit« angewendet wird.

Am Anfang des Trainings zum Gyaku-Zuki steht immer seine Form als Gegenangriff. Später trainiert man ihn als De-Ai-Technik, wobei man seine Gegner nicht unterschätzen darf. Ein konsequenter Gyaku-Zuki ist jedem halbherzigen Angriff überlegen. Umgekehrt hat er keine Chance.

Je höher der Gyaku-Zuki in der Stellung wird, desto schwächer wird er. Trotzdem kann man noch, bei entsprechendem Auftreffwinkel, Wirkung (Punkte) erzielen. Je gerader die Linie »Ferse (des hinteren Beines) – Hüfte – vordere Faust« ist, desto wirkungsvoller ist die Technik. Der Kämpfer, der sich im Kampf auf Gyaku-Zuki als Kontertechnik einstellt, muss gespannt wie ein Bogen sein. Gerade dieser Vergleich ist umso zutreffender, als auch der Bogenschütze nicht absichtlich zu einem vorbestimmten Zeitpunkt schießen soll, sondern absichtslos dann auslöst, wenn alles passt, wenn die »Gelegenheit« gekommen ist. Wenn der Karateka verkrampft ist, reagiert er zu früh und unangemessen, oder er verpasst den Einsatz und wird getroffen. Er soll sich locker mit seinem Gegner bewegen, in seiner Vorstellung den Bewegungsablauf vorwegnehmen und in dem Moment reagieren, in dem die Situation seiner Erwartungshaltung entspricht. Ein Trainer sollte dies häufig üben, indem er dem Übenden im Randori immer wieder Gelegenheit gibt, Gyaku-Zuki als Konter gegen Ansätze zum Angriff auszuführen. Der Beginn des kampfmäßigen Gyaku-Zuki-Trainings muss immer die Verstärkung des Hüfteinsatzes sein. Ohne die eingedrehte Hüfte ist der Gyaku-Zuki viel zu schwach, um Wirkung zu erzielen. In Trainingsformen, wie dem Yonhon-Kumite, wird immer wieder geübt (eingeschliffen, stereotypisiert): Abwehr – Hüfte raus, Gyaku-Zuki – Hüfte rein. 1000-mal, 10000-mal. Bis diese Bewegung so selbstverständlich ist wie das Bein-vor-Bein-Setzen beim Gehen. Dann wird der Gyaku-Zuki zu der bedingungslosen Technik, wie sie einige wenige so beeindruckend anwenden können.

Ähnlich wie beim Kizami-Zuki kommt der freien Hand die wichtige Aufgabe der Deckungsarbeit zu. Für so manchen Kämpfer war der »erfolgreiche« Gyaku-Zuki gleichzeitig das Ende des Wettkampfes, weil er in die Faust des (unachtsamen) Gegners rannte. Um dies zu vermeiden, muss die vordere Hand mögliche Konter abfangen. Der Gyaku-Zuki ist der kleine Bruder des Oi-Zuki. Wo der Oi-Zuki machtvoll alles bedroht, hält sich der Gyaku-Zuki (dennoch immer bereit!) im Hintergrund. Geht ein Kämpfer in Kamae, ist automatisch der Gyaku-Zuki die erste mögliche und immer anwendbare Technik.

Abb. 1, 2:
In der Abwehr bereits den Gyaku-Zuki vorbereiten

Abb. 3:
Gyaku-Zuki als De-Ai-Technik, nur möglich mit frühem, bedingungslosem Eintauchen

Abb. 4:
Hier kam, wie am Ergebnis zu sehen, der Gyaku-Zuki zu spät!

Für den Wettkampf ist das Zurückschnappen, Zurückreißen an die Hüfte unabdingbare Voraussetzung für eine Wertung. Nur wenn man nach dem Gyaku-Zuki wieder Kamae erreichen kann, war die Technik so gut, dass sie erfolgreich war. Da dieses Zurückschnappen im ersten Jahr der Karateausbildung **unbedingt** vermieden werden soll, um eine Arretierungsphase in der Technik anzutrainieren, ist es später umso wichtiger, sich dies gezielt anzueignen. Das Zurückschnappen des Gyaku-Zuki muss mit der gleichen Intensität erfolgen wie der Stoß selber. Viele schaffen das nicht, bringen den Gyaku-Zuki trotzdem ins Ziel und verstehen nicht, warum sie keine Anerkennung für diese halbe Technik erlangen. Nicht das Treffen ist Ziel des Karate, sondern die ausgewogene Balance von Kraft und Gegenkraft, Geist und Körper. Gyaku-Zuki eignet sich ideal zum Training am Makiwara, um die Körperbalance beim Auftreffen zu trainieren. Am Partner sollte der Kontakt, vor allem in der Mittelstufe, nicht zu hart sein, weil sonst nicht die Fähigkeit zum Zurückschnappen trainiert werden kann.

Vorteile

- Flexibelster Einsatz in allen Kampfsituationen, Angriff und Gegenangriff.
- Auf lange und kurze Distanz anwendbar.
- Vielfach mit anderen Techniken kombinierbar.
- Maximale Kraftwirkung bei hoher Kontrolle (wenig Verletzungen).

Nachteile

- Kurze Anwendungsdistanz (Verletzungsgefahr des Angreifers).
- Relativ kurze Technik.

Übungshinweise

➤ Bis zur Automatisierung das Eindrehen der Hüfte üben.

➤ Steppende Gleitbewegungen üben und daraus den Gyaku-Zuki ansetzen.

➤ Gyaku-Zuki mit dem Absetzen des vorderen Beines ausführen.

➤ So wenig wie möglich die hintere Ferse heben (bei sehr großräumiger Hüftbewegung ist dies jedoch unumgänglich).

➤ Aus seitlichen Ausweichbewegungen heraus Gyaku-Zuki ausführen.

Verteidigungsmöglichkeiten

Ähnlich wie beim Kizami-Zuki ist eine Abwehr, wenn der Abstand stimmt, kaum noch möglich. Daher:

- ausreichend Abstand halten,
- Fußangriffe gut vorbereiten,
- gegen den Rhythmus des Angreifers bewegen,
- auf die Bewegung der vorderen Hand als Vorbereiter des Gyaku-Zuki achten.

Mae-Geri

Der Mae-Geri war einmal eine der stärksten Waffen im Wettkampf. Mit großer Dynamik und ganzem kämpferischem Einsatz angewendet, hat er so manchen Gegner zermürbt. Ein Kämpfer mit einem gestochen scharfen und ungeheuer dynamischen Mae-Geri war der erste Bundestrainer des DKV, Horst Handel, der sich die Präzision und Kompromisslosigkeit dieser Fußtechnik in Japan angeeignet hatte. In den 1970er-Jahren gab es eine ganze Reihe hervorragender Kämpfer, die mit Mae-Geri punkten konnten. Heutzutage bringen nur wenige Sportler die Energie und Trainingsbreitschaft auf, sich einen so starken Fußstoß anzueignen, dass sie sich im Angriff nicht selbst bloßstellen.
Durch den langen Weg vom hintersten Punkt der Stellung durch die Deckung des Gegners bis ins Ziel bedarf es sehr viel Kraft,

viel Übung und vor allem eines unbedingten Siegeswillens des Angreifers, um Erfolg zu haben.
Das Training des Mae-Geri kann man in drei Stufen aufteilen:

1 Erlernen und Trainieren des Bewegungablaufes: Anheben-Beugen, Strecken-Senken und Zurückschnappen des Beines. Die Bewegung ist so kompliziert, dass selbst viele Schwarzgurte diese noch heute falsch machen. Hauptfehler ist das Nach-oben-Schlagen des Fußes in der Endphase durch ein **zu sehr** gestrecktes Bein. Ebenso wie beim Uraken ist eine Erhöhung der Geschwindigkeit nur über eine Verbesserung der Rückschnappbewegung möglich, da sonst das Kniegelenk leidet.

2 Die schnelle und exakte Ausführung dieses Bewegungsablaufs innerhalb einer Vorwärtsbewegung trainieren.
Die meisten warten bei der Ausführung im Gehen zu lange mit der Streckung.

3 Ohne Angst vor Verletzungen (am Ellbogen des Partners), Abwehrtechniken (»Fallbeil«-Gedan-Barai) oder auch Verletzungen, die man dem Partner zufügen könnte, den Mae-Geri ausführen.
Erst nach der dritten Stufe ist der Mae-Geri wettkampffähig.

Es gibt grundsätzlich zwei verschiedene Ausführungen des Mae-Geri. Der bessere, aber wesentlich schwerere wird, so früh es geht, über Kniehöhe gezogen, um von dort aus vorgestochen zu werden. Der Vorteil liegt in einem wesentlich besseren Hüfteinsatz und

Mae-Geri

weniger Verletzungen an gegnerischen Knien und Ellbogen. Diese Form noch schnell und gestoßen (nicht gedrückt!) vorzubringen, ist sehr schwierig.
In der anderen Form wird der Fuß flach am Boden vorgerissen, um erst kurz vor dem Gegner auf Hüfthöhe hochgezogen zu werden. Der Vorteil dieser Technik ist ein ansatzloseres Treten, ein kürzerer Weg und eine leichtere Koordination. Die Nachteile sind: höhere Gefährdung des Unterleibes und Knies des Gegners, bei Mädchen auch der Brust; Schädigung (Verschleiß) des eigenen Knies; überflüssige, sehr schmerzhafte Wirkung gegen den Unterarm des Gegners. Die Wirkung am Mann ist umstritten und muss im Einzelnen überprüft werden. Ein typischer Vertreter dieser Art ist der mehrmalige Weltmeister Tanaka.

Der ideale Moment, um mit Mae-Geri zu treffen

Das Training der »Gelegenheit« für Mae-Geri soll einmal, ähnlich wie beim Kizami-Zuki, darauf abzielen, bei günstiger »Gelegenheit« sofort Mae-Geri treten zu können, also ein Mae-Geri eher auf kürzere Distanz, und zum anderen dahin gehen, die »Durchschlagskraft«, also das Durch-die-Deckung-Bringen, zu verbessern. Beides ist nur durch eine hohe Wiederholungszahl im Training möglich.
Um eine Ausführung auch auf kurze Distanz zu ermöglichen, kann eine Variation des Mae-Geri mit der gleichen Form des Fußumsetzens wie beim Oi-Zuki eingesetzt werden. Spezialist dafür war oben genannter Tanaka.
Es gibt auch den Mae-Geri mit dem vorderen Bein, der zwar nicht die Energie des mit dem hinteren Bein getretenen Fußstoßes erreicht, aber, vor allem bei präzisem Treffen am Solarplexus, durchaus kampfunfähig machen kann.

Vorteile

- Eine besonders dynamische und schnelle Technik.
- Kann gut Deckungslücken des Gegners durchbrechen.
- Durch unterschiedliche Streckung des Beines gut im Wirkungsbereich zu verändern.
- Durch stabile Körperhaltung sehr gut mit anderen Techniken kombinierbar.

Nachteile

- Erst nach sehr intensivem Training (hohe Wiederholungszahl) anwendbar.
- Relativ hohe Verletzungsgefahr im Zehenbereich durch Kontakt mit Knien und Ellbogen.

• Bei ungenauer Ausführung Verletzungsgefahr für den Gegner (Knie, Unterleib, Brust).
• Nach erfolglosem Angriff ungünstige Verteidigerposition.

Übungshinweise

➤ Üben mit sehr hohen Wiederholungszahlen.
➤ Nie das Knie ganz durchstrecken.
➤ Durch Makiwara-Training die Streckung des Fußes stabilisieren.
➤ Vor allem im Anfängertraining (aber bei Bedarf auch im Wettkampftraining) häufig über eine Barriere (Bank, Partner) treten, um den Mae-Geri früh hochzuziehen.

Verteidigungsmöglichkeiten

• Vorderen Deckungsarm tief halten.
• Distanz variabel halten; im entscheidenden Moment, kurz vor dem Tritt, den Abstand nach vorne, im ungünstigeren Fall nach hinten, verändern.
• Den vorderen Fuß des Angreifers häufig mit Ashi-Barai (vorderes Bein) attackieren.
• Mae-Geri-Versuche stark blockieren; das ist schmerzhaft und jeder wird sich überlegen, noch einmal zu treten.
• Im Ansatz früh seitlich ausweichen.

Mawashi-Geri

Im Ippon-Karate dominierte der Mae-Geri als punktbringende Fußtechnik. Im heutigen Wettkampfkarate (Sanbon-Shobu) ist das eindeutig der Mawashi-Geri. Da nach den Kampfregeln eine gute Jodan-Fußtechnik Ippon (d.h. zwei Unterbewertungen) erhalten soll, kämpfen heutzutage immer mehr Sportler mit dieser Erfolg versprechenden Technik. Voraussetzung ist natürlich eine gute Dehnfähigkeit, um mit der notwendigen Leichtigkeit und Geschwindigkeit angreifen zu können. Es ist aber keine überdurchschnittliche Gelenkigkeit nötig, wenn man den Mawashi-Geri gut beherrscht.

Das wichtigste Kriterium für das Gelingen ist, neben der Gelenkigkeit, die Führung des Knies. Dies ist auch der häufigste Grund für ein Scheitern der Technik.

Das Knie darf erst so spät wie möglich zur Mitte gezogen werden. Die Treffrichtung ist eine ganz andere, wenn das Knie die Mittellinie überschritten hat. Sowohl das ständige In-der-Deckung-Hängenbleiben als auch das häufige Stechen der Fußspitzen zu den Augen ist ein Resultat des überzogenen Knies.

Der scheinbare »Erfolg« eines Mawashi-Geri mit überdrehter Hüfte und überzogenem Knie liegt in der geringeren Endgeschwindigkeit und damit der besseren Kontrollierbarkeit der Technik für den Wettkampf. Aber ist es dann noch Mawashi-Geri?

Diese Form stammt eher aus dem Thai-Boxen oder »Vollkontakt-Karate«. Jedenfalls werden die Probleme dieser Ausführungsart – häufiger Kontakt mit der Deckung und Kopfverletzungen – nicht aufgewogen, indem man leichter zum Ziel gelangt.

Der normale Mawashi-Geri wird wie der Mae-Geri mit dem Fußballen getreten.

Ein wichtiges Merkmal des Mawashi-Geri ist das »Um-die-Ecke-Treten«. Im Englischen heißt der Fußstoß: »RoundHouse-Kick«. Das geht aber nur mit gebeugtem Fuß.

Im Wettkampf wird Mawashi-Geri nahezu ausschließlich mit dem Spann getreten.

Einmal aus Gründen der Sicherheit, da ein Auftreffen mit dem Ballen unvergleichlich härter ist als mit dem Spann. Zum anderen, weil so die Technik eine noch größere Reichweite hat. Erfahrenen Wettkämpfern gelingt es ohne weiteres, den Mawashi-Geri so präzise abzustoppen, dass nur die Haare des Gegners fliegen. Dies wird durch eine Fuß-Schnappbewegung in der Endphase erreicht. Der Chudan-Mawashi-Geri, der vor allem mit dem vorderen Bein recht erfolgreich ist, wird heutzutage meist mit dem Spann getreten, sollte aber eher mit dem Fußballen ausgeführt werden.

Gefährlich und von Kampfrichtern sofort zu unterbinden ist das verantwortungslose Durchziehen der Technik vor dem Kopf. Treffer aus einer Fehleinschätzung der Situation heraus haben dann verheerende Folgen und sind leider nicht zu selten.

Ebenso wie den Yoko-Geri kann man Mawashi-Geri sehr schön aus einer Steppbewegung mit dem vorderen Bein hochziehen. Er ist dadurch sehr schnell und präzise. In der Wettkampfpraxis wird der Mawashi-Geri fast nur noch geradlinig wie ein Mae-Geri angesetzt, um erst vor dem Körper seitlich herausgeschwungen zu werden. Dies sollte jedoch, um die typischen Merkmale und Besonderheiten dieser Technik zu trainieren, erst im Kampftraining und nicht in der Grundschule erlaubt werden. Aus diesem Ansatz ergibt sich jedoch eine wunderschöne Kombinationsfolge (Abb. 1–5).

Ausgehend von der Grundposition (Abb. 1) kann der Angreifer wahlweise zu Mae-Geri (Abb. 2), Mawashi-Geri (Abb. 3), Ura-Mawashi-Geri (Abb. 4), Yoko-Geri und sogar zum Ashi-Barai (Abb. 5) ansetzen. Voraussetzung

1

4

ist, dass der Gegner nicht bereits im Ansatz aus der Körperverlagerung die beabsichtigte Fußtechnik erkennen kann. Spezialisten ist es möglich, bereits angesetzte Techniken als Finte zu nehmen und in eine andere Form zu verändern (Ura-Mawashi ansetzen und Mawashi treten).

Der Mawashi-Geri-Ansatz ist das überlegene Spielen mit den Reflexen des Gegners und den eigenen Möglichkeiten. Man darf nur seinen Gegner dabei nicht vergessen, sonst holt er einen mit einem trockenen Gyaku-Zuki wieder auf den Boden der Kampffläche

Abb. 1–5: Eine Bilderbuchkombination

zurück! Auch das mehrfache Ansetzen des gleichen Mawashi-Geri, ohne abzusetzen, nur aus der Knieschnappbewegung heraus, gehört zu den Finessen der Spezialisten, die schon so manchen Gegner überlistet haben. Man wartet in der Endphase des Mawashi-Geri, bis der Verteidiger die Deckung herunternimmt, um zu kontern, und führt Mawashi-Geri aus dem Kniegelenk heraus erneut aus. Voraussetzungen dafür sind: hohe Gelenkigkeit, Kraft, das Bein so lange hochzuhalten, Gleichgewicht im Stand und Präzision in der Ausführung. Nur technisch überlegeneren oder sehr beherzten Karateka wird es gelingen, an diesem Mawashi vorbeizukommen.

Vorteile

- Blitzschnell anzubringen.
- Günstige Umgehung der Deckung des Gegners.
- Sehr präzise im Abschluss.
- Bis in die letzte Phase der Technik leicht veränderbar.
- Sehr gut, vor allem mit Fußtechniken kombinierbar.
- Nach der Ausführung gut als Deckung gegen den Gegenangriff zu verwenden.
- Genaue Zielregion im Ansatz kaum erkennbar.
- Kaum Verletzungsgefahr für den Angreifer (außer am Ellbogen des Gegners).

Nachteile

- Nach der Ausführung instabile Lage auf einem Bein.
- Im Ansatz Deckungslücke im Chudanbereich.

Übungshinweise

➤ Das Standbein bei der Ausführung mitdrehen (sonst besteht Gefahr für das Kniegelenk).

➤ Viel Dehnarbeit (um die Grundausführung zu ermöglichen, um Spezialformen zu üben sowie vor dem Wettkampf).

➤ Nicht zu viel am Sandsack trainieren, da sonst die Fähigkeit abzustoppen verloren geht.

➤ Im Randori viel mit dem vorderen Bein Mawashi-Geri treten.

➤ Bei auftretenden Knieschmerzen den Bewegungsablauf von einem erfahrenen Lehrer überprüfen lassen. Mawashi-Geri-Training reduzieren.

➤ Den Oberkörper bei der Ausführung immer so aufrecht wie möglich halten (Gelenkigkeit).

Verteidigungsmöglichkeiten

- Der vordere Arm deckt höher gegen Jodan-Mawashi-Geri, der hintere wird etwas vorgedrückt gegen Chudan-Keri.
- Den Oberkörper zurückpendeln lassen.
- Rechtzeitige seitliche Ausweichbewegung (aber zur richtigen Seite).
- Die Aufbauarbeit des Angreifers durch Ashi-Barai (vorne) stören.
- Grundsätzlich jede Chance für Gyaku-Zuki-Konter nützen.
- Schlechte Mawashi-Geri-Ansätze (am Hosenbein) festhalten.

Ura-Mawashi-Geri

Wer das vorangegangene Kapitel über den Mawashi-Geri aufmerksam gelesen hat, kennt bereits die Begründung für das Training und die Anwendung des Ura-Mawashi-Geri:

- Perfekte Umgehung der Deckung.
- Erweiterung der Angriffsmöglichkeiten.

Ersteres ist ganz klar. Wer sich häufig blaue Flecken an Beinen und Füßen geholt hat, versucht das zu vermeiden. Es gibt wohl kaum eine Technik, die mit weniger Kontaktproblemen bis in das Ziel gelangt. Voraussetzung ist allerdings Gelenkigkeit und Haltekraft in der seitlichen Beinmuskulatur. Ein Weiteres kommt hinzu: Man muss ein gutes Auge für den Moment des Einsatzes dieser Technik haben, da man sonst recht hilflos auf einem Bein vor dem Gegner steht.
Wenn Kämpfer diese Technik perfekt beherrschen, scharen sich die Zuschauer um die Kampffläche, um den entscheidenden Moment nicht zu verpassen.
Aber vor den Erfolg haben die Götter den Schweiß gesetzt. Und so geht kein Weg daran vorbei, den Bewegungsablauf des Ura-Mawashi-Geri unendlich oft zu wiederholen, bis man ihn mit der notwendigen Sicherheit anwenden kann. Die Technik ist natürlich abwehrbar, wie jede andere Technik auch. Das Geheimnis ihres Erfolges liegt darin, dass der Gegner nicht erkennen kann, was kommt, wohin angegriffen wird. Er deckt Chudan und wird Jodan getroffen, er weicht nach links aus, aber die Technik kommt plötzlich von links. Um mit diesen taktischen Möglichkeiten kämpfen zu können, braucht

man jahrelange Kampfpraxis. Nicht die Kraft macht den Punkt allein, es ist die immer wiederkehrende »Gelegenheit«. Deswegen nützt auch ein Techniktraining allein wenig. Im Kampf selber muss der Kämpfer möglichst eng zum Gegner stehen. Der Verteidiger kann dann nicht mehr ausweichen oder blocken. Ein so enges Kämpfen birgt aber natürlich die Gefahr in sich, selbst getroffen zu werden. Das Gewicht ruht mehr auf dem hinteren Bein. Gleichgültig, ob man die Technik mit dem hinteren Bein oder eingesprungen, wie beim Yoko-Geri, mit dem vorderen Bein ausführt, das Ziel muss immer sein, mit möglichst unbewegtem Oberkörper zu treten. Sobald der Oberkörper beim Tritt abfällt, wird der Tritt kraftlos und ungenau und kaum zu kontrollieren.

Um den Gegner von der Möglichkeit, mit Ura-Mawashi angegriffen zu werden, abzulenken, sollte man »Testangriffe« mit ähnlichen Techniken wie Yoko-Geri, Ashi-Barai, Mawashi- oder Mae-Geri starten. (Siehe auch die entsprechende Kombination beim Mawashi-Geri.)

Im Wettkampf wird mit der Fußsohle, dem Fußballen, im Ernstfall dagegen mit der Ferse getroffen. Dabei wird der Fuß in der Endphase zum Ziel geklappt, wie man auf dem Bild gut sehen kann.

Ausweichen und von hinten ansetzen

Ushiro-Ura-Mawashi-Geri

Für den Ushiro-Ura-Mawashi-Geri gelten ähnliche Regeln. Nur der Weg zum Ziel ist anders. Beim Angriff macht der Angreifer eine Rückwärtsdrehung um 180°, um den Fuß letztlich seitlich ins Ziel zu bringen. Im Chudan-Bereich unterscheidet man kaum zwischen Ushiro- und Ushiro-Ura-Mawashi-Geri, da der Übergang, d.h. die Änderung vom geraden zum eher bogenförmigen Treten, fließend ist. Beim Jodan-Fußstoß wird die geänderte Technik durch das nur seitlich mögliche Treffen am Kopf deutlicher.
In der Kampfpraxis, vor allem im kontaktlosen Karate, ist es wichtig, dass die Technik am Kopf **beendet** ist. Daher zieht man erst im letzten Moment das Bein zur Dreh-Treff-Phase hoch und schwingt es nicht, wie im Vollkontaktsport üblich, einmal mehr oder weniger 360° im Kreis.
Aus dem gleichen Grund ist ein Grundschultraining, bei dem die Technik nicht zurückgezogen, sondern der Bequemlichkeit halber weitergeführt wird, abzulehnen.
Die Kampfposition ist ähnlich wie beim Ura-Mawashi, da durch die Drehung Zeit und Raum verloren gehen. Die Technik lebt davon, dass der Verteidiger meint, Ushiro-Geri würde angesetzt; er deckt deshalb unten

und wird überraschend (gute »Gelegenheit«) oben getroffen.
Wer Angst hat, den Gegner zu treffen und damit zu verletzen, beherrscht die Technik noch nicht ausreichend und sollte weiterüben, **bevor** er sie im Kampf anwendet.

Vorteile

- Umgehung der Deckung des Gegners.
- Kaum ausrechenbarer Angriffsbereich.
- Der Angreifer bleibt sehr gut gedeckt.
- Wenig schmerzhafter Kontakt mit dem Gegner.

Nachteile

- Bei Misserfolg äußerst labile Stellung.
- Bei zögernder Anwendung leicht zu kontern.
- Nach dem Absetzen sehr enge Stellung zum Gegner.

Übungshinweise

➤ Immer wieder die Haltearbeit (seitliche Beinmuskulatur) und den Fußkontakt trainieren.
➤ Aus verschiedenen Ausweichbewegungen in die Technik kommen.
➤ Gelenkigkeitstraining und Kräftigung der seitlichen Rumpfmuskulatur, um die Oberkörperarbeit zu verbessern.
➤ Besonders beim Ushiro-Ura-Mawashi-Geri die Drehung immer wieder üben, um Verletzungen wegen Verlust des Gleichgewichtes zu vermeiden.

Verteidigungsmöglichkeiten

- Vor allem den spezifischen Abstand für den gegenüberstehenden Gegner vermeiden. Stimmt der Abstand, hat man kaum noch eine Chance.
- Durch Antesten feststellen, wo der Gegner sein Gewicht hat, da er z.B. die Technik mit dem vorderen Bein nur ausführen kann, wenn er sein Gewicht auf dem hinteren Bein hat.
- Im letzten Moment vorgehen, weil dann der Abstand zu kurz wird.

Ushiro-Geri

Wenn es den Ushiro-Geri nicht bereits gäbe, er müsste erfunden werden. Es gibt kaum eine Technik, die überraschender platziert wird. Das hängt damit zusammen, dass man mit dem Blick auf den Oberkörperbereich des Gegners als Zeichen für Angriffsaktivitäten fixiert ist. Plötzlich dreht sich der Gegner um, man verliert den Kontakt, und in die Überlegung: Was nun? bricht der Ushiro-Geri ein. Bei allen anderen Angriffen bildet sich bereits im Vorfeld, der Vorbereitung, ein Konzept zur Abwehr. Wird man von guten Gegnern mit Ushiro-Geri attackiert, fragt man sich hinterher, wie man sich aus diesem Angriff retten konnte. Dabei passiert es Kämpfern, die eher reflexhaft reagieren, häufig, dass sie instinktiv nach vorne gehen. Voraussetzung für einen Erfolg mit Ushiro-Geri ist natürlich eine ansatzlose Drehung, die ohne Pause in den Tritt übergeht. Eine weitere, ganz wichtige Bedingung ist die Sicherheit, dort zu treffen, wohin man zielt. Wer Angst hat, zu treffen und zu verletzen, kann den Fußstoß nicht schnell genug ins Ziel bringen. Wer nach der Drehung noch zielt oder sich entscheiden will, ob oder ob nicht, wird niemals Erfolg mit ihr haben. Obwohl natürlich ein Blickkontakt zum Gegner

mit der Drehung hergestellt werden muss, ist die Aktionszeit zu kurz, um nach der Drehung des Kopfes um 360° bereits wieder zu einem bewussten Sehen zu kommen. Gezielt wird vor der Drehbewegung.

Der Ushiro-Geri ist prädestiniert, unter der Deckung der Arme hindurch zum Ziel zu gelangen. Er ist aufgrund seiner ungeheuren Wucht sogar in der Lage, eine Abwehr zu durchbrechen. Ziel des Verteidigers ist es daher immer, eher auszuweichen als abzuwehren. Ushiro-Geri wird etwa ab dem 5. Kyu begonnen, zu trainieren. Dann hat man noch etwa ein halbes bis ein Jahr Zeit, ihn im Randori oder Wettkampf anzuwenden. Nützt man diese Zeit für die Stabilisierung der grundschulmäßigen Form, ist die spätere Anwendung im Kampf nicht schwieriger als die eines Mae-Geri.

Wie eigentlich immer im Kampf, so sollte man auch beim Ushiro-Geri das Gewicht vor der Ausführung mehr auf dem hinteren Bein haben. Spezialisten überbrücken die Distanz dann noch mit einem kleinen Schritt von 10 bis 20 cm hin zum Gegner, bevor sie zum Fußstoß ansetzen.

Eine sehr gute Vorbereitung des Ushiro-Geri erfolgt durch einen Kizami-Zuki-Ansatz. Dabei benutzt man oben erwähnten Steppschritt, der Gegner zieht die Deckung hoch, fällt im Oberkörper zurück (lässt dabei den Bauch deutlich vorne) und man kann in den freien Raum eintauchen.

Durch die Deckung mit Ushiro-Geri

Gefährlich und daher unbedingt durch intensives Training abzustellen sind Ushiro-Geri, die in der Höhe unkontrolliert sind. Treffer im Unterleib oder Kopf- (bei Frauen Brust-) Bereich sind unverantwortlich.

Vorteile

- Sehr überraschende Technik.
- Große Dynamik mit ziemlich großer Reichweite.
- Angreifer gut geschützt vor Kontern.
- Relativ einfacher Ablauf.
- Durch die rückwärtige Wadenmuskulatur unempfindlicher (als das Schienbein) gegen Blocktechniken.

Nachteile

- Man dreht dem Gegner den Rücken zu.
- Man verliert kurz den Blickkontakt.
- Bei Unsicherheiten gefährliche Technik.

Übungshinweise

➤ Mehrere Monate intensive Grundschularbeit, bevor die Technik frei angewendet werden darf.

➤ Immer den Kopf mitdrehen.

➤ Die Endphase ist eine geradlinige Streckbewegung, keine kreisförmige.

➤ Lange und häufig mit Partnerhilfe das richtige Treffen üben.

Verteidigungsmöglichkeiten

- Immer wieder das Ausweichen nach vorne wie nach hinten üben.
- Die typischen Ushiro-Geri-Vorbereitungen (Gewichtsverlagerung, Standortveränderung) erkennen lernen.
- Häufig das frühe Kontern nach Ushiro-Geri-Angriff üben.

Kata

Die Kata ist die Seele und das Fundament des Karate. Kata heißt wörtlich übersetzt Form. Gemeint ist der bis in die letzte Bewegung festgelegte Ablauf eines Kampfes ohne Gegner. Ursprünglich wurde Karate nur als Kata oder in Einzeltechniken trainiert. Timing, Raumgefühl, Anpassung an Bewegungen des Gegners wurden nur über das scheinbar stereotype Bewegungsmuster der Kata entwickelt. Aber die strenge Form täuscht über die wahren Entwicklungsmöglichkeiten im Kata-Training hinweg.

1

2

3

4

Wirkliches Kata-Training findet nur dann statt, wenn sich der Ausführende die reale Situation, zu der seine Techniken passen, vorstellt, verinnerlicht. Und mit dem Grad seiner Verinnerlichung wächst die Ausstrahlung und Kompetenz seines Kata-Vortrags. Die Wirkung eines intensiven Kata-Trainings nach langjährigem Studium des Karate sind mit autogenem Training vergleichbar.

So verrät eine Kata dem geschulten Auge den Reifegrad des Vortragenden. Von daher ist Karate, insbesondere traditionelles Karate, nur mit einem intensiven Kata-Training denkbar.

Anhang

Psychologie in Training und Wettkampf

Jeder, der sich für Tennis interessiert und Stars wie Becker oder andere hat siegen oder verlieren sehen, kennt die Bedeutung der Psyche im Sport. Und über Boris Becker hinaus gibt es unzählige Beispiele dafür, wie entscheidend die Psychologie im Sport ist. Zwei der wichtigsten psychischen Problemfelder will ich hier herausgreifen und im Zusammenhang mit Karate beschreiben:

- die Bewältigung der Angst
- den unbedingten Glauben an den eigenen Erfolg

In der Wettkampfsituation kann man drei denkbare Reaktionen des Kämpfers auf die kommende Konfrontation unterscheiden:

1 Er ist motiviert, sein Bestes zu geben.
2 Er wird, aus Angst vor dem Gegner und der Stresssituation des Kampfes, völlig unter seinem Niveau kämpfen.
3 Er verschließt sich dem äußeren Einfluss und handelt wie unbeteiligt.

Ziel des Trainings muss es natürlich sein, die erste Möglichkeit zu erreichen und die beiden anderen zu vermeiden. Welcher Reaktion ein Kämpfer zuneigt, liegt zuallererst an seiner Veranlagung. Hier aber kann der Trainer Positives verstärken und Negatives abschwächen. Mit einer ganzen Palette von differenzierten Trainingsmaßnahmen kann er seinen Wettkämpfer derart aufbauen, dass dieser von seiner Qualität und seinem Erfolg überzeugt ist und selbst bei einem Misserfolg nicht zurücksteckt. Das Wichtigste dabei ist, die verschiedenen, auf den Kämpfer zukommenden Probleme zu erkennen, bewusst zu machen und innerhalb des Trainingsprozesses zu verarbeiten.
Genauso wie man eine bestimmte Modellsituation im Kampf trainiert, z.B. Angriff–Abwehr–Gegenangriff, muss man sich eine konkrete psychische Belastungssituation vorstellen und im Geiste lösen. Das hat sehr viel mit Konzentration, Meditation oder auch autogenem Training zu tun. Alles Forderungen, die bereits in dem Kapitel über die »Gelegenheit« aufgestellt wurden. Da hier der Platz fehlt, um alle Probleme aufzuzeigen und Lösungswege zu geben, soll aber wenigstens der Versuch gemacht werden, die wichtigsten Schritte in diese Richtung darzustellen.
Zuerst müssen Trainer und Athlet (oder Lehrer und Schüler) sich die Probleme bewusst machen. Allgemeine Probleme, die jeder im Kampf hat, oder spezielle Probleme, die sich aus der Person des Wettkämpfers ergeben. Nach dieser Analyse wählt man den Weg, die Schwierigkeiten in den Griff zu bekommen, um **nach** einem Wettkampf darüber nach-

zudenken, was erfolgreich war und was vergebens. Diese Dreiteilung von Analyse–Konditionierung–Rekapitulation ist das Gerüst, auf dem die Psychologie in Training und Wettkampf steht. Fehlt ein Teil, droht das ganze Gebäude einzustürzen. Die sensibelsten Bereiche sind dabei die Analyse und die Rekapitulation. Hier sind vor allem die Erfahrung und das Einfühlungsvermögen des Trainers gefragt. Während in der Konditionierungsphase der Athlet durch seine unermüdliche und vor allem ehrliche Arbeit an sich selbst den Grundstein zum Erfolg legt.
Zwei Beispiele stellvertretend für viele:
Sobald der Kämpfer die Halle betritt, wird er nervös (er läuft z.B. ständig auf die Toilette). Wenn der Kampf beginnt, ist er bereits so geschafft, konditionell so unterlegen, dass er weiß: »Ich schaffe das nie!«
Der Trainer muss nun seinen Athleten darüber aufklären, dass diese Form der Nervosität grundsätzlich erstmal etwas Positives ist. Es ist der so genannte Vorstartzustand, in dem sich der Körper des Kämpfers instinktiv und unbewusst auf die kommende Belastung einstellt. Dies gänzlich zu unterdrücken wäre falsch. Diese Reaktion muss nur gesteuert und gebremst werden. In leichter Aktivität, Gymnastik oder Randori wird diese Energiebereitschaft erhalten, ja geradezu aufgebaut, um dann gelöst, mit positivem, aktivem Denken im Kampf eingesetzt werden zu können.

Ein anderes Beispiel:
Jemand verliert immer gegen den »Angstgegner«. Auch hier muss an erster Stelle die Bewusstmachung des Phänomens »Angstgegner« stehen. Begreift der Kämpfer dies als allgemeines psychisches Problem und nicht als persönliches, unausweichliches Schicksal, kann er auch an einer Lösung mitarbeiten. Diese bestünde zuerst einmal in einer Auflistung der beiderseitigen Stärken und Schwächen. Dies geschieht durch Wettkampfbeobachtung oder Videoaufzeichnungen. Ist man bei der Gegenüberstellung der eigenen Stärken und gegnerischen Schwächen zu einer Lösung gekommen, muss man diese konsequent in den Trainingsprozess einbauen. Mit dem Gefühl der erfolgreichen Lösung verliert der Angstgegner an Format und wird zu einem normalen Gegner.

Karate im Breitensport und bei der Selbstverteidigung

In zunehmendem Maß wird auch Karate von den marktbeeinflussenden Gesetzen des Breitensports bestimmt. Wenn annähernd 100000 Sportler Karate betreiben, ist dies nicht zu vermeiden.
Für den Karateka, der sich den Zugang zum ursprünglichen Karate-Do erhalten will, ist wichtig, zwischen den Ideen und Gesetzen des Karate-Do und denen des Breitensportes unterscheiden zu können. Er muss lernen, seine Ideale trotz eines mehr breiten- oder marktorientierten Karate zu verwirklichen. Er kann dies aber nur, wenn er diese Ideale auch kennt. Höflichkeit, Rücksichtnahme und positives Denken (Spaß an der Sache) sind genauso Lernziele im Karate-Do wie im Breitensport. Es spricht daher nichts dagegen, beides miteinander zu verbinden. Nur darf man nicht im Oberflächlichen stecken bleiben.

Eines der wichtigsten Motive, Karate zu betreiben, ist der Gedanke der Selbstverteidigung. Bestimmt nahezu die Hälfte der Neuanfänger beginnt, Karate aus diesem Beweggrund zu lernen. Mit den Jahren tritt dieses Motiv immer mehr in den Hintergrund (hoffentlich). Man kann ja auch nicht ständig darauf warten, wann denn nun endlich einer kommt, bei dem man das Gelernte anwenden kann. Trotzdem muss sich natürlich jeder Karateka fragen, wie er in der konkreten Selbstverteidigungssituation reagieren wird. Je ernsthafter sein ganz normales Training war, umso problemloser kann er im Ernstfall umschalten und auf das Gelernte zurückgreifen. Später wird der Selbstverteidigungsgedanke ersetzt durch Lernziele wie körperliche Fitness, Freude, schwierige Bewegungsmuster zu beherrschen, oder einfach den Spaß am geselligen Trainieren.
Hier muss nun die Aufmerksamkeit des Lehrers oder auch des interessierten Schülers einsetzen. Neben dem Spaß ist nun mal die Anstrengung, der Kampf gegen sich selbst, seine Bequemlichkeit, ein grundsätzliches Ziel des Karate-Do. Wie schon früher gesagt, ist das »Sich-selbst-Überwinden« eines der wichtigsten Lernziele im Karate-Do. Ein wunderschöner japanischer Spruch besagt:

> ISHOKU NO NAKANI
> DOSHIN NASHI!
> DOSHIN NO NAKANI
> ISHOKU ARI!
>
> Wenn man gut behütet ist,
> entwickelt sich kein starkes Herz!
> Wenn man ein starkes Herz hat,
> wird alles gut!

Wer die Mühen eines schweißtreibenden Trainings, einer nie enden wollenden Verbesserungswut scheut, erhält keinen Zugang zum Karate-Do. Wer nach fünf Jahren glaubt, Karate gelernt zu haben und sich dann abwendet, hat viele schöne Bewegungen gelernt, aber nicht Karate-Do. Und auch derjenige, der sich dem »tödlichen Ernst« verschließt, der hinter all dem steht, bleibt nur an der Oberfläche.
Die tief gehende Ernsthaftigkeit, die den wahren Karateka und sein Training auszeichnet, ist heute nur noch selten zu finden. Aber man kann sie finden, und man kann sie als Lehrer auch in den Herzen junger (oder alter) Menschen entdecken und entwickeln.
Ein sehr gutes Beispiel für die Ernsthaftigkeit von Training und innerer Einstellung ist die Trainingsform des Randori, das freie Kampfüben. Einerseits besagt die Vorsilbe »ran«, dass es eine lockere Trainingsform ist, zum anderen ist es aber ein Kampftraining. In der Art, wie mein Gegenüber Randori macht, finde ich sein Wesen widergespiegelt: seine Intelligenz, seine Körperbeherrschung, seine Laune, seine Umgangsformen und nicht zuletzt seinen Kampfgeist, seine Ernsthaftigkeit. Wenn auch das Randori spielerischer vollzogen werden soll als der Wettkampf, geht es doch darüber hinaus. Techniken können eingesetzt werden, die im offiziellen Wettkampf verboten sein müssen, aber bestes (nur eben zu gefährliches) Karate darstellen.
Randori ist der Ernstfall. Alles gehört dazu, die Wände des Dojo, die Rutschigkeit des Bodens, die störenden Übenden im Hintergrund. Randori hört nicht auf, wenn ein »Punkt« gemacht ist, Randori ist beendet,

wenn auch der Partner überzeugt ist, geschlagen zu sein. Ideal ist Randori im Freien, wo die Unebenheiten des Bodens, die in die Augen scheinende Sonne und der übersehene Baum im Rücken die beiden gleichermaßen ernsthaft Übenden vergessen lässt, dass sie ja eigentlich »nur« Sport betreiben. Wer die letzten Zeilen belächelt, hat manches nicht verstanden, was in diesem Buch gesagt wurde. Er kann erneut versuchen zu verstehen, oder er kann es lassen und seine Form des Karate praktizieren. Vielleicht gehen ihm irgendwann einmal im unermüdlichen Üben von selbst die Augen auf.
Das ist dann auch Karate-Do!

Nachwort

In einer Zeit, in der in zunehmendem Maße die »Gesetze des Marktes« die Fairness verdrängen, gleichgültig ob im Sport, in der Politik oder im zwischenmenschlichen Bereich, ist die Beschäftigung mit einer »Sportart« (vielleicht besser »Philosophie«) wie Karate-Do umso wichtiger. Die Auswirkungen der intensiven Auseinandersetzung mit den Inhalten des Karate-Do: Richtig verstandene Disziplin, körperliche und geistige Selbstkontrolle, Bescheidenheit und Rücksichtnahme gehen weit über ein nur rein technisches Lernen von körperlichen Fertigkeiten hinaus. Der Masse der Karatesportler gelingt es kaum noch, zu den ursprünglichen Idealen des Karate-Do Zugang zu finden. Heute geht es um Graduierungen, Meisterschaften, Posten, Macht und Einfluss. Wer sich bemüht, findet diese Ideale in der Autobiografie des Begründers des modernen Karate-Do, Gichin Funakoshi (Karate-Do, Mein Weg), niedergelegt.
Natürlich würden nicht so viele Menschen, wie es heutzutage der Fall ist, Karate betreiben, würde man nicht besagten »Gesetzen des Marktes« Rechnung tragen. Erlaubt sein muss jedoch die prüfende Frage, was sich heutzutage noch Karate-Do nennen darf und was eher zu einer Umkehr der Werte des Karate-Do geführt hat. Diese Prüfung sinnvoll vorzunehmen oder sich auf dem ursprünglichen Wege des Karate-Do weiterzuentwickeln, ist ein wichtiges Anliegen dieses Buches.
Ich wünsche allen Lesern und insbesondere denen, die nach diesem Buch trainieren, viel Erfolg und natürlich auch Freude auf dem Weg der »leeren Hand«, dem Karate-Do.

Wolf-Dieter Wichmann

Für Training und Wettkampf

BLV Sportpraxis Top
Kyong Myong Lee
Richtig Taekwondo
Geistiger und sportlicher Wert, Technik und Training, Grund- und Kombinationstechniken, Wettkampf, Kunstbewegungsformen; mit der aktuellen Wettkampfordnung.
ISBN 3-405-15941-5

BLV Sportpraxis Top
Bodo Rödel
Richtig Aikido
Japanische Kampfkunst und Selbstverteidigung in Vollendung: Geschichte, Vorübungen, alle Grundtechniken, Einsteiger-Tipps.
ISBN 3-405-16581-4

BLV Sportpraxis Top
Robbi Dienersberger
Richtig Tai-Bo
Der Megatrend – das Workout mit Elementen aus Taekwondo, Boxen und Aerobic: Grundlagen, Schlagkombinationen, Entspannungstechniken.
ISBN 3-405-16301-3

BLV Sportwissen
Das neue Konditionstraining
Kraft-, Schnelligkeits-, Ausdauer- und Gelenkigkeitstraining; allgemeine Prinzipien und Steuerung des Konditionstrainings, biologische Grundlagen, Trainingsmethoden und -programme.
ISBN 3-405-16741-8

BLV Sportpraxis Top
Siegbert Engel
Richtig Tai Chi
Die Bewegungskunst, die Gesundheit, Fitness, Konzentration und Entspannung fördert: Geschichte des Tai Chi, Vorübungen und Grundelemente.
ISBN 3-405-16659-4

Susan A. Jackson / Mihaly Csikszentmihalyi
Flow im Sport
Das neue Mentaltraining für alle Sportarten: Einssein mit der Bewegung, der sportlichen Aktivität, die man gerade ausführt – Bewusstheit, die erfolgreich macht.
ISBN 3-405-15878-8

Im BLV Verlag finden Sie Bücher zu den Themen: Garten und Zimmerpflanzen • Natur • Heimtiere • Jagd und Angeln • Pferde und Reiten • Sport und Fitness • Wandern und Alpinismus • Essen und Trinken

blv

Ausführliche Informationen erhalten Sie bei:

BLV Verlagsgesellschaft mbH • Postfach 40 03 20 • 80703 München
Tel. 089/12705-0 • Fax 089/12705-543 • http://www.blv.de